KB200516

하나님의 마스터플랜

새 예루살렘의 비전

하나님의 마스터플랜

God's Master Plan

김인식 지음

교회성장연구소

　이스라엘 벤구리온 국제공항 게이트를 향하여 내려가는 길 왼편에 시온주의 120주년을 기념하는 포스터를 보니 많은 생각들이 내 마음속에 떠올랐다. 120년이란 세월은 무엇을 의미하는가? 1897년 테오도르 헤르츨이 시온주의를 제창하고 20년이 지난 1917년 밸푸어 선언이 있었다. 그리고 30년이 지난 1947년 UN에서 국가 건립을 위한 분할안이 통과되고 또다시 20년이 지난 후 1967년에 6일 전쟁의 결과로 예루살렘이 회복된다. 그리고 50년이 지난 2017년 이스라엘은 중동의 강자로 떠올랐다.

　19세기 말, 나라가 없어 말할 수 없는 설움과 고통과 핍박을 당하던 4만 명에 불과한 유대인들이 지금은 약 650만 명이 되었다. 조그마한 땅 주위를 적대 세력들이 겹겹이 둘러싸고 있지만 그들과 당당히 맞서고 있다.

　예루살렘 회복 50주년을 맞이하여 극동의 작은 나라 한국의 많은 크리스천들이 그들을 위로하는 행사를 가졌는데 이것은 하나님이 하신 일이었다. 역사적으로 너무 깊고 큰 상처를 받고 상종을 거부하며 적대시하는 아직 믿지 않는 유대인들이 한국 크리스천들과 우정의 손을 잡고 위로받고 눈물 흘리는 것에 모두가 놀랐다. 애쉬켈론, 예루살렘, 하이파에 약 6천 명의 유대인들이 '2017 샬롬 예루살렘' 문화행사에 참여하여 위로를 받고 용서하고 함께 소망을 나누게 되었다. 이스라엘 공영방송에서도 감격 속에 이 행사를 전했다.

이 모든 일들의 배후에는 역사를 주관하시는 하나님의 손길이 있었다. 제국주의와 공산주의자들의 침략으로 말미암아 극히 빈곤하고 열악하여 원조를 받던 나라가 복음의 역사로 교회 부흥과 산업화, 민주화, 아이티화를 이루고 세계 속에 등장하여 한류를 일으키게 된 것도 하나님의 섭리이다.

하나님께서 에덴에서 추방당한 인류를 구원하시고자 아브라함을 부르시고 이스라엘 민족을 일으키셨다. 또한 하나님께서 극동의 작은 나라 한국에 복음의 씨를 뿌리시고 때가 되매 자라서 수많은 난관을 극복하고 역사 속에 등장하여 유대인들을 위로하고 장벽을 허무는 도구로 사용하시는 것이다. 1900년간 사라진 나라를 세우신 하나님께서 흩어진 유대인들을 고토로 귀환시키고 계시다. 또한 영적 귀환을 위하여 이방인과의 장벽을 허물고 주의 백성의 수를 채우시기 위하여 섭리하고 계신다. 믿는 유대인과 이방인의 수가 차야 주께서 오셔서 하나님의 나라를 완성시킬 수 있기 때문이다.

주님을 만난 지 40년, 사역을 시작한 지 40년을 맞이하여 하나님의 마스터플랜의 중심에 이스라엘 그리고 예루살렘이 있다는 사실을 깨달았다. 결국 성경의 이야기는 예루살렘 이야기이다. 저자가 믿는 하나님의 이야기로 시작하여 하나님의 마스터플랜을 탐구해 보고자 한다.

그동안 부족한 종을 도와주신 사랑하는 동역자들과 끊임없이 기도로 성원해 주신 웨스트힐장로교회 성도님들과 사랑하는 아내와 두 딸 혜진, 혜미에게 감사드린다.

예수님께서 승천하시기 전 제자들에게 말씀하셨습니다.

오직 성령이 너희에게 임하시면 너희가 권능을 받고 예루살렘과 온 유대와 사
마리아와 땅 끝까지 이르러 내 증인이 되리라 하시니라 (행 1:8)

이 말씀이 그대로 이루어져 땅끝과도 같았던 우리 대한민국에도 130여
년 전 복음이 전해졌습니다. 이 복음의 씨앗이 꽃이 피고 열매 맺어 오늘
날 선교사를 28,000명이나 파송한 선교대국이 되었습니다. 세상 만민을
구원하시겠다는 하나님의 약속이 우리나라에서도 성취되어 오늘날 한국
교회가 큰 부흥을 이루게 된 것입니다.

그러나 한때 복음의 출발점이었던 예루살렘은 현재 팔레스타인 해방
기구(PLO)의 끊임없는 테러 공격과 함께 남쪽으로는 하마스, 북쪽으로 레
바논 국경의 헤즈볼라를 지원하는 이슬람 국가들에 둘러싸여 늘 전쟁의
위험으로 불안에 싸여 있습니다. 그리고 예루살렘을 이슬람의 성지라고
주장하는 아랍인들과 예수 그리스도의 주 되심을 인정하지 않는 유대인들
로 인해 영적으로도 끊임없이 도전받고 있습니다. 이제 은혜로 하나님의

백성이 된 한국 교회는 예루살렘을 위해 기도해야 합니다. 예수 그리스도의 흔적이 배어 있는 거룩한 땅의 안전과 영적 회복을 위해 무릎을 꿇어야 합니다.

『하나님의 마스터플랜』은 하나님의 구원 역사에 있어서 예루살렘과 이스라엘의 중요성을 강조하고 있습니다. 본 책을 통해 독자들은 하나님께서 이스라엘에게 하신 약속을 보다 더 심층적으로 이해하며, 예루살렘과 이스라엘의 회복에 대해 더욱 관심을 기울이게 될 것이라 기대합니다. 더불어 많은 그리스도인들이 이 책을 통해 모든 민족의 구원을 위한 하나님의 마스터플랜이 무엇인지 생각해 보고, 주님께서 다시 오실 날을 준비하는 신앙을 갖추기를 소원합니다.

이영훈 | 여의도순복음교회 담임목사

● 미국 20년의 교포 교회 목회와 신학교수 사역 중에 마지막 5년 8개월(1991.12-1997.8)은 저자와 동일한 로스앤젤레스 지역에서 사역하면서 저자를 이름으로 알았지만, 하나님의 주권적 은혜로 "그분의 시간에"(베잇토, 12회 신 11:14, 28:12; 욥 5:26, 38:32; 시 1:3, 104:27, 145:15; 잠 15:23; 전 3:11; 렘 5:24; 겔 34:26; 호 2:1 구약에 사용된 이 용어는 본래 '그것의 때에'란 뜻으로, 약속의 땅의 생존에 필수 불가결한 "이른 비, 늦은 비, 중간(겨울) 비가 와야 할 때"를 가리킨다. 그러나 문자적으로 '그분의 때에'로도 번역이 가능한 것은, "모든 것을 그분[하나님]이 지으시되, '그것의 때에 따라'(베잇토) 아름답게 하시는"(전 3:11) 하나님의 절대주권이 만사의 배후에 있기 때문이다. 따라서 하나님의 오묘하고 신비스런 주권적 섭리를 가리키는 구약 용어로 사용될 수 있다.) 이스라엘과 유대인의 복음화와 관련하여 오늘 여기 동역의 시간을 갖게 되었다.

저자가 제시하는 『하나님의 마스터플랜』의 장엄한 심포니의 핵심에는 "네 안에서"(수단의 특정성) "모든 족속이 복을 받으리라"(목표의 보편성)는 아브라함 언약(창 12:3)의 이중구조가 어떻게 아브라함과 다윗의 씨이자 메시아이신 예수님 안에서 유대인과 이방인을 "한 새 사람"(엡 2:15)을 만들어 오셨고, 또한 "제2의 유대인"이라 불리는 한국 그리스도인이 왜 종말론적 유대인과 이방인 선교의 선두주자인지를 성경적, 역사적, 신학적 정교함으로 제시하는 이 책은 필독 참고서로 사랑받을 것을 확신한다.

김진섭 박사 | 백석대학교 평생교육신학원 학장, 이스라엘신학포럼 공동회장, 쉐마교육학회 회장, 학가다교육포럼 회장

● 『하나님의 마스터플랜』은 성경 전체를 관통하는 이스라엘의 회복과 구원에 관한 저자의 자기고백적 증언이고 진지한 신학적 탐색이다. 책을 펼쳐들고 문장을 끝까지 읽어내려 가노라면 저자가 제시하는 하나님의 마스터플랜이 어느덧 우리 손에 한 장의 청사진처럼 쥐어진다. 이 책에서 저자는 창세기의 옛 에덴에서 출발하여 요한계시록의 묵시적으로 비전을 담아 제시하고 있는 새 하늘과 새 땅과 함께 하늘로부터 내려올 새 예루살렘, 즉 새 에덴의 도래로 이어지는 하나님의 마스터플랜을 독자들의 눈앞에 생생히 펼친다. 저자는 하나님의 마스터플랜이 궁극적으로 지향하고 있는 것은 이스라엘의 구원을 정점으로 하는 하나님의 구속의 완성과 피날레임을 역설한다. 은폐와 계시가 교차하며 인류 역사 속에서 전개되는 하나님의 구원을 『하나님의 마스터플랜』으로 풀어내는 이 책은 독자들에게 저자의 40년 목회와 신학 여정의 결정체와 마스터피스(masterpiece)로서 다가갈 것이다.

이상명 박사 | 미주장로회신학대학교 총장

● 『하나님의 마스터플랜』은 성경에 기초하여 복음을 찾으려는 성경 사랑에 든든하게 서 있다. 그러면서도 전통적이지만 과거에 매달리지 않고 현대 과학을 과감하게 인용하고 있다. 삼위일체이신 성부, 성자, 성령을 중심으로 글이 이어지고 있어 삼위일체 하나님의 구체적 사역을 찾고자 하는 독자는 저자의 글에서 심오한 진리를 발견하게 될 것이다.

문자적이고 문법적이며 역사적인 복음주의의 성경해석학에 관심이 있는 독자도 읽으면 매우 유익이 있는 책이다. 매 제목마다 성경적 입증을 확실하게 시도하고, '성경예언은 문자 그대로 받아들이지 않으면 모든 정확성이 사라져 버린다'는 주장을 저자는 주저하지 않는다. 뿐만 아니라 유대인과 맺은 하나님의 언약이 기독교로 이전되었다는 대체신학을 성경적으로 반박하는 노력도 저자의 글에서 읽을 수 있다. 객관적 자료를 과감하게 채택하면서도 자신의 주관적 견해를 펼치고 있는 저자의 의도에 흥미를 가질 수 있다.

창세기의 에덴이 그 예가 된다. 신화라는 일설을 과감하게 부정하고, 더 나아가 실제 장소를 제시할 때 고고학자의 이론을 인용하면서 또 하나의 가설을 추가하는 담대함도 보여 주고 있다. 종말론적 신앙에 관심이 있는 독자에게도 추천하고 싶다. 저자는 다시 오실 메시아이신 예수님을 종말론적 신앙의 중심에 둔다. 저자는 무천년설에서 역사적 전천년설로의 변화를 흥미 있게 풀어 주고 있다. 그리고 예루살렘 회복에 관심을 두면서 오늘날 정치성이 짙은 솔로몬 성전 재건이라는 화두에 흥미를 돋우어 독자와의 대화를 시도한다. 성경적 연구와 역사적 연구를 총동원하여 천년왕국의 수도 예루살렘에 대한 애착이 강하게 뿜어 나오고 있다. 끝으로, 기독교 복음주의 교회 지도자와 평신도에게 적극 이 책을 권하고 싶다. 뿐만 아니라 현대 기독교에 관심을 갖는 분들에게도 이 책을 적극적으로 권하고 싶다.

손상웅 목사 | Midwest University 선교학 교수, SEED International 연구실장장

● 『하나님의 마스터플랜』은 신구약성경을 관통하는 중심 신학적 주제를 하나님의 선교에 맞추어서 유대인의 구원을 필두로 이방인의 구원 그리고 더 나아가서 온 인류를 구원하시려는 하나님의 원대한 계획을 보여 주고 있는 것에 비해 분량은 적지만 그 내용으로는 원대한 책이다. 누가 하나님의 구원하시는 일에 대하여 가타부타 말할 수 있을까? 다만 우리는 겸손한 마음으로 신구약성경을 통하여 그 원대

한 구원의 비밀을 더듬어 볼 뿐이다.

이 책은 이 점에서 그동안에 있었던 책과는 달리 하나님의 구원이 이스라엘의 회복에 궁극적인 목표가 있다는 사실을 분명히 하고 있다. 예루살렘을 회복하여 하나님께서 이루시고자 하는 구원의 마지막 단계에 유대인이 다시 구원의 자리로 되돌아오는 것을 강력하게 소망하면서 실제적으로 샬롬 예루살렘 회복사역의 일선에 있는 저자가 이 책을 출판함으로써 향후 이런 동일한 비전을 가지고 있는 분들에게 더욱 사명감을 갖고 귀한 일을 사역하는데 원동력이 되도록 할 뿐만 아니라 이런 사역을 모르는 분들에게도 큰 도움이 될 것으로 보인다.

소기천 교수 | 장로회신학대학교 신약성서신학 교수

● 『하나님의 마스터플랜』을 읽으며 에덴에서부터 시작하여 새 하늘과 새 땅으로 이어지는 인류역사의 그림을 그리면서 큰 은혜를 받았다. 예수님과 예루살렘과 이스라엘을 중심에 두고 전개되는 구원역사의 마스터플랜을 보여 주시는 놀라운 책이라고 생각한다. 쉽고 간결해서 이해하기도 쉽고 복잡하고 어려운 성경을 이해하는데 바른 길잡이가 된다.

세상에는 수많은 책들이 있지만 이스라엘을 성경적으로 바르게 얘기해 주는 책은 극히 드물다. 기독교 서적이 많은 서점, 출판사, 도서관, 어디를 가 봐도 이스라엘에 관해서 바르게 얘기해 주는 책을 찾아보기가 쉽지 않다. 성경에서 이스라엘을 빼면 남는 것은 별로 없다. 왜냐하면 성경은 이스라엘을 부르심으로 시작해서 하나님 나라의 수도 새 예루살렘이 내려오는 것으로 끝을 맺고 있기 때문이다. 그런데 이 책은 이스라엘을 얘기할 뿐만 아니라 이스라엘을 바르게 이해할 때 구원 역사의 대 드라마, 즉 전체의 그림을 그릴 수 있다는 것을 보여 준다. 더구나 『하나님의 마스터플랜』의 마지막 부분에서 한국 교회가 나아가야 할 바른 방향을 제시하고 있어서 더욱 큰 감동을 준다. 이는 저자가 40년 목회를 통해 받은 영적 분별력과 통찰력으로 이루어 내신 결정체라고 할 수 있다.

오늘날은 정보가 홍수를 이루고 있는 시대다. 영적으로도 너무 혼탁해서 바른 분별력을 가진 지도자가 절실히 요청되는 시대다. 마지막 때는 더욱 혼탁하게 될 것이 분명하다. 이러한 때에 이 책은 신앙생활에 바른 방향을 제시하고 혼탁한 세상에서 빛으로 인도하는 책이 될 것이다. 마음을 써서 읽으시는 분은 눈이 번쩍 뜨이게 되고 큰 위로와 힘을 받을 것이다.

송만석 박사 | KIBI 대표/KCSJ 국제대표

● 『하나님의 마스터플랜』은 저자의 목회 40년 결정체로 평소 가지고 있는 가슴의 불꽃을 그대로 펼쳐 놓은 책이다. 하버드대 나단 푸시(Nathan M. Pusey) 총장의 말처럼 책 속에는 이 시대에 흔들 수 있는 깃발이 있고, 믿을 수 있는 신조와 부를 수 있는 노래가 있으며, 크리스천들이 해야 할 사명을 발견할 수 있다. 이 책을 읽으면서 한순간도 손을 뗄 수가 없었으며, 가슴에 불꽃이 타오르는 것을 느낄 수 있었다. 이 책의 비전을 자신의 것으로 삼으면 누구든지 이 시대를 향해 깃발을 들 수 있는 지도자가 될 수 있다.

창세기에서 요한계시록까지를 에덴에서 새 예루살렘까지 파노라마로 펼쳐 나가면서 성경전체를 통해 하나님께서 이스라엘을 향한 구원 계획과 이 일을 이루시기 위해 이방인의 사도로 바울을 택하시고 때가 차면 이방인과 유대인이 그리스도로 말미암아 하나 되는 한 새 사람(One New Man)의 성취를 구속사적 관점에서 풀어 나가는 흐름은 한편의 장엄한 드라마를 보는 것 같다.

이스라엘의 회복과 세계적인 대부흥의 뇌관에 불을 붙일 시대적 사명을 맡은 민족이 전 세계에 흩어져 있는 한민족임을 알고 우리들의 가슴에 이 시대적 사명의 불꽃을 일으킬 이 책이 많은 사람들의 손에 들려지고 읽혀질 수 있기를 기대한다.

박성규 목사 | 해외한인장로회 총회장 / 주님세운교회

● 『하나님의 마스터플랜』은 모든 그리스도인이 읽어야 할 책이지만 특별히 지역 교회를 섬기는 목회자들에게 필독서가 되도록 계속 깨우치고 도전하는 책이다. 특별히 교회의 존재이유가 선교임을 자각하는 이 시대에 깨어 있는 목회자들은 모두가 선교, 즉 영혼구원을 위하여 전심을 다하고 있다. 부족한 종도 지난 40여 년을 선교에 힘을 쏟으며 선교적인 목회를 해왔다. 그런데 저자의 자전적인 신앙의 고백처럼 선교에 전심전력하여 살아온 40여년의 목회의 여정 속에 마지막에 눈앞에 발견된 선교지는 결국 이스라엘이었다. 이 책은 신앙의 여정, 특별히 선교의 여정 끝에서 맞닥뜨려지는 땅끝이 곧 이스라엘이라고 선포한다. 땅끝은 모든 것을 다 섭렵하여 온 자들이 마지막으로 접하는 선교의 끝이다. 예루살렘과 유다와 사마리아를 다 두루 다니며 복음을 외친 종들이 마지막으로 만나는 선교지는 결국 성경에서 하나님이 첫 선교지로 택하시고 기름 부으시고 열방으로 흩어 주셨던 유대인이다. 그 처음이 바로 마지막 땅끝이다.

지역 교회 한 목회자로, 40여 년을 선교사로 살며 선교적인 목회를 해왔다. 이제 마무리하는 단계에서 결국 선교의 땅끝은 이스라엘이라고 믿는다. 교회의 생명은

방향성이다. 선교를 할 때 열정은 있지만 '허공을 치는(shadow boxing)' 사람처럼 향방 없이 닥치는 대로 하는(고전 9:26) 우를 범하지 말아야 한다.

『하나님의 마스터플랜』은 특별히 목회자들에게 마지막 때에 선교의 마무리에 관한 방향성을 신학적으로 특별히 성경적으로, 종말론적으로 정확하게 제시하고 있다. 한 목회자로서 모든 동료 목회자들에게 필독을 강력히 추천한다.

호성기 목사 | 세계전문인 선교회 PGM 국제대표

● 20세기에서 최고 최대의 사건은 1948년 5월 14일에 있었던 이스라엘 독립이다. 그것은 하나님께서 주도하신 새로운 역사의 변곡점으로서 주후 70년 로마에 의한 예루살렘 멸망 이후 유대 민족에 대한 교회의 외면이 잘못된 것임을 보여 주는 실제 역사였다. 교회는 지난 2000여 년 동안 이스라엘을 지나치게 영적 혹은 상징적으로 해석함으로 하나님의 구속역사에서 그 위치를 제외시켜 왔다. 그러나 이스라엘의 정치적 독립과 그 이후의 사건들은 그런 신학적 관행이 더 이상 유효하지 않음을 드러내 주었다.

이번에 출간하게 된 김인식 목사의 『하나님의 마스터플랜』은 그런 점을 균형 있게 지적하며 새로운 시대에 적합한 이스라엘 중심의 성경해석을 제시하고 있다. 본서는 저자가 40년의 목회여정을 지나오면서 체득한 이스라엘의 중요성을 바른 성경해석 이론과 함께 목회의 실제적 적용이라는 고백적 관점으로 진술하고 있다. 저자는 하나님이 이루실 역사의 마지막 퍼즐조각은 이스라엘이 개인적 구원에서 시작하여 우주적 구원으로 완성되어야 한다고 주장한다. 그러면서 그동안 교회가 이스라엘을 도외시한 것은 잘못된 성경해석에서 기인한 것으로 진단한다. 문자적 해

석에 우선순위를 두어야 함에도 불구하고 성경을 지나치게 영적, 풍유적으로 해석하는 것이 교회의 지배적 관습이었다. 그에 따라 교회는 성경을 포괄적이고 일관적으로 이해하기보다는 영적 해석과 적용에 치우쳐 교회가 이스라엘을 대체하는 실체가 되는 잘못에 빠지게 되었다. 저자는 그런 잘못을 바로잡기 위하여 창조에서 종말로 이어지는 하나님의 구속역사를 이스라엘(예루살렘) 중심의 새로운 신학적 렌즈로 해석하고 있다. 이스라엘은 성경 내용을 담는 그릇이자 그 세계를 보여 주는 창이다. 그런 이스라엘이 성경 전체의 구조를 구성하는 중심축이기도 하다.

본서는 이스라엘 독립 이후 새로운 시대를 살아가는 우리들이 어떻게 성경을 보아야 하는지를 바르게 가르쳐 주는 매우 유익한 책이다. 특히 마지막 결론의 '한민족의 사명'은 새로운 이스라엘 중심시대에 한민족이 지닌 선교적 사명과 역할이 얼마나 중요한가를 잘 보여주고 있다. 본서를 통하여 새로운 역사에 대한 우리의 눈이 밝히 열리게 될 것을 기대하며 모두에게 일독을 적극 추천한다.

권혁승 박사 | 이스라엘신학포럼 공동대표, 서울신학대학교 구약학 명예교수

● 『하나님의 마스터플랜』을 성경적, 신학적으로 정리하여 책으로 출판한다는 것은 결코 쉬운 일이 아니다. 더 나아가 그 플랜을 따라 신앙적으로 사명감을 가지고 산다는 것은 더욱 어려운 일이다.

저자를 처음 만난 것은 1985년경 나성산기도원에서 피차 금식하며 기도할 때였다. 어렵고 힘든 이민 목회 시절에 함께 금식기도를 한 연유로 우리는 지금까지 영적으로 동지의식을 품고 하나님과 함께 일하는 삶을 살아왔다.

저자를 보면서 한결같이 느끼는 것은 언제나 겸손함(Humility)과 진실함(Integrity) 그

리고 성경적 영성(Spirituality)을 갖춘 하나님의(HIS) 사람이라는 것이다. 은퇴를 앞두고 있지만, 저자는 아직 진행 중에 있는 '하나님의 마스터플랜'에 대한 거룩한 부담과 책임을 더욱 강하게 느끼고 있다. 그래서 그의 신앙과 신학 그리고 목회와 사역의 근간으로 그의 마지막 사명과 헌신을 '하나님의 마스터플랜'에 두고 열정을 쏟고 있음을 알 수 있다.

"일을 행하시는 여호와, 그것을 만들며 성취하시는 여호와"(렘 33:2)께서 반드시 그 정한 때에 새 예루살렘을 회복시키실 것이다. 저자는 성경에 근거한 하나님의 역사에 대한 전적 신뢰를 가지고 새 하늘과 새 땅의 실현을 고대하고 있다. 그것은 곧 하나님이 다스리시는 온전한 평화의 실현임을 간파하고 있다.

사랑하고 존경하는 저자가 『하나님의 마스터플랜』을 가까이 접할 수 있게 해준 것은 너무 귀한 일이다. 그리고 온 인류 구원과 평화에 대한 하나님의 마스터플랜에 대한 관심과 사명을 북돋아 준 것을 감사히 여기며 "주 예수께 받은 사명 곧 하나님의 은혜의 복음을 증언하는 일"(행 20:24)에 독자들과 더불어 동참하기를 기대한다.

송기성 목사 | 기독교대한감리회 정동제일교회

Contents

God's Master Plan

1

내가 믿는 하나님

인류의 역사는 하나님 나라의 회복
즉 하나님 나라의 완성을 위한 과정이다.
아담이 제사장이라는 측면에서 보면
에덴은 성전으로 인류의 역사는 성전 회복의 역사이다.
새 하늘, 새 땅, 새 예루살렘은
모든 것이 회복되고 통일되는 곳이다.

에베소서 2장 10절
우리는 그가 만드신 바라 그리스도 예수 안에서 선한 일을 위하여 지으심을 받은 자니
이 일은 하나님이 전에 예비하사 우리로 그 가운데서 행하게 하려 하심이니라

왜 우세요?

주일 예배 중 찬양대석에 앉아 설교를 듣던 K가 갑자기 주체할 수 없는 눈물을 흘렸다. 옆에 형제가 당황해서 어디 아프냐고 물었다. K가 아니라고 하니 더욱 놀라며 그럼 설교가 눈물 흘릴 만큼 슬픈 내용이었냐고 물었다. K는 젊은 안수집사이자 신앙생활에 열심 있는 형제로 금요예배 후에 있는 중보기도모임의 찬양인도자이다. 금요중보기도팀들은 담임목사인 내가 이스라엘에 대해 큰 관심을 가지고 집중적으로 설교해 주기를 오랫동안 기도해 왔다. 그런데 한 번도 이스라엘에 관한 설교를 하지 않았고 이것으로 인해 하나님에 대한 회의가 들었다. 과연 하나님은 '내 기도를 들으시는가?'라는 의문이 생겼다. 이제는 기도를 포기해야 하는가 갈등하며 괴로워하는 순간이었는데, 갑자기 내가 이스라엘에 관한 설교를 하니 충격을 받았던 것이었다. '아! 하나님은 살아 계시고 내 기도를 들으시는구나!' 하는 것을 깨닫고 자기도 모르게 눈물을 쏟았던 것이다.

내가 예수님을 믿기 전에 이스라엘은 역사적으로 많은 핍박과 고난을 받아온 민족으로, 이를 경험한 홀로코스트에 관한 글들을 읽었고 '안네의 일기' 영화를 본 적이 있다. 고난이 많았던 만큼 그들끼리 똘똘 잘 뭉치는 민족으로 알고 있었다. 돈에 대한 집착이 강한 사람들로 돈벌이에 비상한 재주를 가진 민족인 만큼, 어린 시절부터 철저히 종교 교육을 통해 노벨상을 휩쓸고 있는 민족으로 알았다. 지정학적으로 복잡한 곳에 위치해 있어서 늘 테러가 일어나고 뉴스의 초점이 되어 있는 민족 정도로 이해했다.

내가 예수님을 믿고 구원을 받고 말씀을 가까이하면서 이스라엘에 대한 생각이 다소 달라졌다. 이스라엘은 예수님이 구원자로 이 땅에 오실 때 도구로 쓰임 받은 민족이며, 성경을 지켜 온 민족으로 감사해야 할 민족이다. 눈이 가려져 예수님을 십자가에 못 박아라 외쳤지만, 이제 그들에게 더욱 복음을 전해야 한다고 생각했다. 하나의 미전도 종족으로 그러나 어느 민족보다 완악한 민족이기에 기도를 많이 해야 한다고 생각했다.

2005년에 교회에서 이스라엘로 송하경 선교사를 파송했지만 전도대상으로서의 이스라엘이었다. 나의 관심은 주님 오실 길을 준비하기 위해 더욱 열심히 복음을 전하는 것이었다. 인생이 태어나서 경험해야 할 최고의 순간은 죄인임을 깨닫고 예수님을 구주로 모시고 구원을 받아 영생을 얻는 것이다. 인류의 문제를 근본적으로 해결하는 길은 예수님이 다시 오셔서 통치하시는 길밖에 없다고 믿기 때문에 삶의 모든 것이 이 하나의 목적을 위한 것이라고 생각했다. 모든 민족에게 복음을 전하여 주님 오실 길을 준비하는 위대한 일에 동참하는 것이다.

이 천국 복음이 모든 민족에게 증언되기 위하여 온 세상에 전파되리니 그제야 끝이 오리라 (마 24:14)

교회를 개척하는 첫날 인도 C선교사를 지원하겠다고 했을 때 아내가 물었다.

"이스라엘은요?" 갑자기 이스라엘 이야기는 왜 하나 싶어 한 귀로 듣고 한 귀로 흘려버렸다. 당시 나는 풀러신학교에서 선교신학석사 과정을 막 마쳤을 때였다. 학교에서 여러 선교사들을 만나 선교에 관한 정보를 공유하면서 세계선교에 뜨거운 마음을 가지게 되었다. 그리고 인도 산간 오지에서 하나님의 마음으로 열정을 품고 사역하고 있는 한 선교사님을 지원하기로 작정했던 것이다.

아내는 둘째를 낳고 몸이 완전히 회복되기도 전에 기도원에 가서 21일 금식기도를 했다. 처녀 시절 사역을 하며 하나님께서 깨닫게 해주신 것이 이스라엘이었다. 결혼하면 당연히 남편과 함께 이스라엘 회복과 구원을 위해 사역할 줄 알았다. 그러나 교회를 시작하면서 남편이 이스라엘을 미전도 종족 중 하나 정도로 생각하는 것에 충격을 받아 안타까운 심정으로 기도원에 올라가 금식하며 하나님께 기도했다.

"남편에게 아무 말도 하지 말고 스스로 깨달을 때까지 기다리라"는 하나님의 응답을 받은 후에 오랜 시간을 기다리며 중보기도팀을 이끌고 기도했다.

2002년 온누리교회(하용조 목사) 사역축제에 나는 잠실교회(원광기 목사)에서 집회를 인도하며 틈틈이 참석했다. 사역축제 가운데 이스라엘에 관한 부스가 있는 것을 보고 아내는 같이 가겠다고 했다. 거기서 아내는 KIBI(한국 이스라엘 성경연구회) 대표 송만석 장로님과 김해리 권사님을 만났다. 그리고 몇 년 후 김해리 권사님이 풀러신학교에서 공부하시는 동안 두 분이 우리 교회를 수년간 출석하셨다. 이때 나는 이스라엘에 좀 더 관심을 가지는 기회가 되었다.

그러나 여전히 나의 마음은 열리지 않았다. 다윗의 후손으로 오신 예수님 때문에 구원을 받았으니 이스라엘 민족은 예수님 오시는 통로 역할을 해주어 감사한 일이다. 하지만 제3성전을 짓겠다고 머릿돌을 가지고 성전산을 향하여 나아가는 것을 정부차원에서 막았다는 기사를 읽고 한심하고 광신적인 사람들이라 생각했다.

이미 메시아는 오셨고 십자가에 죽으심으로 단번에 영원한 속죄 제사를 드렸기 때문에 믿는 자에게는 더 이상 드릴 제사가 없다. 우리 몸이 하나님의 성전으로 하나님을 모시고 살아가는데 무슨 성전이 또 필요한가 생각했다. 그리고 예수님께서 율법을 완성시키셨으니 이제 율법에 매이는 자가 아니라 사랑의 계명만 지키면 된다고 생각한 것이다.

약한 난민인 팔레스타인을 힘으로 눌러 땅을 점령하는 나쁜 민족으로 생각되어졌다. 힘없는 자들을 괴롭히는 그들에게 힘으로 안 되니 자폭 테러를 통해서라도 자신들의 땅을 찾으려는 팔레스타인 사람들에게 오히려 동정이 갔다.

새로운 자각

약 10년 전, 2007년 정도에 이스라엘에 관한 생각이 조금씩 바뀌기 시작했다. 모든 족속에게 복음이 전파되고 하나님의 나라를 예수님이 오셔서 완성시키시려면 이스라엘 회복과 구원을 통해 믿는 유대인의 수가 차야 한다는 사실을 깨달았다.

2008년 내가 속한 KPCA(해외한인장로회) 총회를 섬기게 되면서 가는 곳마다 하나님의 나라를 증거하며 이스라엘 회복에 관해서 말하기 시작했다. 그 이후 이스라엘 세미나를 인도하며 성도들과 함께 "내 백성을 위로하라 예루살렘의 마음에 닿도록 말하라"(사 40:1-2)는 말씀을 따라 '샬롬 예루살렘'에 참석하며 많은 것을 깨달을 수 있었다.

목회자 이스라엘 세미나

2016년 10월 24-26일 목회자 이스라엘 세미나를 LA 근교에 위치한 웨스트힐장로교회에서 개최했다. 그동안 지속적으로 했던 중보기도의 응답이요 결과였다. 성도들이 잘 섬겨보기를 원했기 때문에 교회에서 세미나를 가졌다.

2박 3일 일정으로 100명만 모시고 이 지역 가장 편하고 좋은 호텔에 모시고 음식도 직접 정성껏 준비하여 섬기기로 했다. 필요하신 분들에게는 항공료까지 도와 드리기로 계획을 세웠다. 하나님이 하시는 일이기에 기쁨으로 자원하는 성도들이 자발적으로 헌금을 하고 아낌없이 헌신을 해주어 부족함 없이 행사를 마칠 수 있었다. 바쁜 이민 목회자들이 과연 얼마나 참석할 수 있을까? 이민 교계 전체를 잘 알고 있는 목사님 한 분은 "30명만 모이면 성공입니다."라고 말했다. 그러나 마감 전에 100명이 채워졌고 꼭 참석을 원하시는 분을 허락하여 112명이 참석하여 큰 은혜를 받고 나눌 수 있었다. 강사진으로 VLACH 박사, 권혁승 박사, 송만석 박사, 박홍수 목사, 이성자 목사, 김종훈 목사, 박성규 목사 등이 수고하였다.

세미나 후 반응은 절대적으로 긍정적이었다. 요약하면 아래와 같다.

- 새롭게 깨닫는 것이 아주 많았다(85%)

  새롭게 깨닫는 것이 조금 있었다(15%)

- 내년 한국 세미나를 위해 기도하겠다(96%)

- 주님 재림 위해 땅끝까지 복음전파와 유대인들 고토 귀환과 메시아로 환영해야 함을 확실히 알게 되었다(68%)

  이미 그렇게 알고 기도하고 있다(32%)

- 강사진이 너무 좋고 이 시대에 적절한 세미나였으며, 모두의 가슴에 불을 붙였다.

- 이스라엘 세미나가 세계 각국에 흩어져 있는 성도와 목회자와 선교사들에게 알려져 나가길 기도하겠다.

- 성경을 보는 눈이 달라졌다. 이스라엘을 애매하게 영적으로 해석하다가 그저 이스라엘로 여기고 읽게 되니 새로운 시야가 열렸다. 본 세미나가 21세기와 새천년의 역사를 써 나갈 새로운 교회론에 단초가 되기를 소망한다.

"적절한 때에 꼭 필요한 모임이었습니다. 앞으로 한국 교회가 이스라엘 사역의 문을 활짝 열어갈 텐데 웨스트힐장로교회가 그 진원지가 되지 않을까 생각합니다. 한국에서의 이스라엘 세미나는 디아스포라 미국에서 한국에 영적 폭풍을 몰아가며 새로운 계기를 마련하는 모임이 될 것을 확신합니다."

"이번 세미나는 신학적인 견지에서, 그리고 하나님의 세계교회를 이끄시는 추세를 봤을 때, 카이로스적인 모멘텀(Momentum)의 역사를 당신께 순종하는 종을 통해 행하셨다고 믿습니다. 앞으로 이런 세미나가 한국에서도 열려서 많은 목회자들을 깨우고 교회를 새롭게 하게 될 때, 이스라엘의 회복뿐 아니라 한국 교회의 회복을 위한 큰 축복의 통로로 쓰실 것으로 믿습니다."

"이 시대에 마지막 하나님의 관심인 이스라엘의 고토를 향한 회복과 위로의 운동을 한인들에게 맡기셨다는 자부심을 갖게 되었고, 많은 목사님들이 가슴에 불을 안고 일어나는 것을 보며 이 일에 선봉장으로 앞장서는 K목사님과 섬겨주신 교회에 감사드립니다."

"하나님께서 이스라엘을 사랑하는 사람들의 마음을 움직여서 귀한 세미나를 올려드리고, 여러 교회가 한마음이 되어 이스라엘을 축복하며 결단하는 기회를 가질 수 있다는 것이 하나님을 얼마나 기쁘게 해드렸을까, 앞으로 얼마나 많은 사람들이 이스라엘을 위해서 사랑하는 마음으로 기도할까 생각하니 너무나 감동이고 눈물이 납니다."

2017 목회자 이스라엘 세미나

2017년 9월 11일(월) 무학교회(김창근 목사)에서 2017 목회자 이스라엘 1DAY 세미나를 진행한다. 교회성장연구소(이영훈 대표) 준비 팀과 모임을 가지는 중에 이런 생각들을 정리하여 출판할 것을 권면 받고 글을 쓰기로 했다.

하나님이 기뻐하시는 일이기에 많이 벅차고 힘들었지만 감당하기로 했다. 이미 하나님께서 이 일을 무척 감동하셔서 믿음으로 기쁘게 헌금하신 분들을 통해 세미나에 필요한 재정도 채워주셨고 강사님들도 순조롭게 정해졌다. 우리는 부족하지만 하나님이 하실 일들을 기대하며 기쁨으로 순종할 뿐이다.

나는 불신의 가정에서 자라 고려대학교에서 정치 외교학을 전공한 정치 지망생이었다. 하나님을 전혀 몰랐던 나였지만 그분께서는 이미 내 인생을 인도하시고 내 운명을 붙들고 계셨다.

재학 중 군에 입대하여 당시 DMZ(비무장지대)를 지키는 부대였던 백골사단에서 북한 방송을 들으며 신병 훈련을 받았다. 첫 휴가를 마치고 부대로 돌아오면서 백마부대로 월남전에 참전하는 신청서를 냈다. 하지만 참전한 지 얼마 되지 않아 다리를 다쳤고 대구국군통합병원 신세를 지게 되었다. 다시 복학하였지만 인생의 가야 할 길을 잃어버리고 갈등과 번민, 방황을 반복하던 중에 예수님에 대해 알게 되었다. 일말의 기대를 가지고 장로회 신학대학(M.Div.)에 입학을 했지만 여전히 갈등과 혼란 속에 첫 학기를 마쳤다. 동료들의 권유로 여름방학을 맞아 산기도를 갔고 그곳에서 하나님은 나를 만나주셨다. 그때 강한 성령님을 체험하면서 내 인생은 완전히 바뀌게 되었다.

풀러신학교에서 선교신학 석사 과정을 이수하며 교회 개척을 위해 기도했다. 석사 코스를 마치면서 교회를 개척했다.

1985년 4월 7일(부활주일) 오전 11시에 Van Nuys에 있는 Masonic Temple(14570 Sherman Way)에서 개척 예배를 드렸다. 한국 선교를 위해 언더우드 선교사가 처음으로 조선 땅을 밟았던 날이 1885년 부활 주일이었다. 꼭 100년이 되는 부활 주일 미국 땅에 한인교회가 개척 예배를 드린 것은 결코 우연이 아니라 하나님의 크신 뜻이 있음을 믿는다.

개척을 준비하면서 예배당을 빌리려고 많은 노력을 했으나 빌릴 곳을 발견하지 못하여 결국 Masonic Temple에서 개척 예배를 드리게 되었다. 일종의 이단 사교 집단 한가운데서 개척 예배를 드린 셈이다. 담대하게 영적 전쟁의 포문을 연 것이었다.

내가 개척한 장소 바로 서편에는 First Baptist Church가 크게 자리하고 있었다. 그 장소는 나중에 Church on the Way에서 구입하여 지금도 예배를 드리고 있다. 몇 집 건너 같은 거리에 St. Mark's Episcopal Church가 있었는데 1960년대 은사운동(Charismatic Movement)의 진원지이기도 했다. 1960년 4월 3일 그 교회에 시무하던 데니스 베네트(Dennis Bennett) 신부가 "성령님이 나의 입술을 사로잡아 방언과 새로운 형식과 내가 이해할 수 없는 능력 있는 찬양과 감사의 말을 했다."라고 강단에서 고백함으로 은사운동이 공식화되었고 많은 교회에 큰 영향을 주었다. 특별한 하나님의 역사가 있는 곳에서 교회를 시작한 것도 지금 생각하면 하나님의 큰 은혜였다.

교회의 목표는 구원확신(천국확보), 성령충만(천국체험), 세계선교(상급확보)로 사람을 인도하여 하나님 나라의 백성이 되게 하고, 하나님의 나라를 경험하게 하고, 하나님의 나라를 전하고 확장시킴으로 하나님의 나라에서 주님과 더불어 왕 노릇하는 것이다.

개척 4년째 되는 1989년 4만 2천 평의 땅을 구입하고 성전 건축을 계획하였다. 그러나 하나님은 이듬해인 1990년에 성장해서 새로운 교회로 이전한 미국교회 건물을 허락해 주셨다. 이전한 지 10년이 지나면서 지난 2001년 새 성전을 지어 하나님께 봉헌했다. 2008-2009년 미주한인장로회(KPCA)를 개명한 해외한인장로회(KPCA) 제33회 총회장으로 섬길 때 미주에서 시작된 한인장로회가 발전하여 캐나다, 중남미, 호주, 뉴질랜드, 유럽, 일본과 영어노회 등 21개 노회로 확장되어 명실공히 디아스포라 교단인 해외한인장로회가 되었다. 지역을 섬기고 이끄는 교회로 해외 디아스포라 교회들과 함께 서로 섬기며 하나님의 나라를 이루고 확장해 나가는 교회로 자라가고 있다.

우리 중보기도팀이 응답받은 기도로 지난 10년간 깨달은 것이 많다. 특별히 이스라엘 즉 예루살렘에 대해 하나님은 무엇이라고 말씀하시는지, 하나님의 비전은 무엇인지를 깊게 알게 되었다.

신학교 시절에 적어도 백 수십 권 이상의 책을 읽었지만 가장 생생하게 기억에 남는 것은 최흥조 씨가 쓴 『내가 만난 하나님』이었다. 이 책은 언론인 특유의 감각으로 무엇이든 쉽게 믿지 못하던 그가 찾아 헤매다가 만난 하나님에 대한 간증이었다. 그 사실은 본인 외에는 누구도 말할 수 없는 내용이기에 귀하고 내 자신에게도 유익이 되었다. 서로에게 도움이 되는 것은 우리 자신이 만난 하나님 그리고 우리 자신이 믿는 하나님이라고 생각한다. 지난날 하나님을 만나고 40년의 목회사역을 통해 내가 알고, 깨닫고, 믿는 하나님에 대해 나눔으로 독자들에게 신앙과 사역에 조금이라도 도움이 되기를 바란다.

제3의 렌즈

조엘 로젠버그(Joel Rosenberg)가 지은 『마지막 지하드』(*The Last Jihad*)가 출판되자마자 아마존닷컴에 판매 1위로 떠올랐다. 마치 미리 911 항공기 테러 사건을 알고 있었던 것 같은 내용 때문이었다. 말씀을 묵상하는 중에 깨달은 미래에 일어날 사건을 염두에 두고 책을 썼기 때문이었다. 이 세대에 일어나는 많은 세계적 사건들이 정치적, 경제적, 군사적인 이해만으로 풀어질 수 없다. 그러나 스스로 모든 것을 아시고 행하실 수 있는 하나님은 중요한 사건들을 종들에게 미리 알려 주시는 분이다(암 3:7). 조엘 로젠버그는 성경을 통해서 사건들을 이해할 수 있고 때론 예견할 수 있는 시각을 '제3의 렌즈'라고 불렀다.

독자가 작가의 의도를 바르게 알려면 우선 주어진 책을 바르게 해석할 수 있어야 한다. 성경을 통해 하나님의 뜻을 바로 알려면 먼저 바른 해석이 요구된다. 어떤 분들은 지나친 문자적 해석이라는 말을 쉽게 하는데 나는 오히려 자신을 돌아볼 때 지나치게 영적으로 성경을 해석해 왔다는 사실을 깨닫게 되었다.

성경을 바르게 해석하지 못하면 성경을 통한 하나님의 의도가 바로 전달될 수 없다. 하나님의 의도를 바르게 알려면 올바른 해석의 기본적인 원리가 필요하다. 복음주의의 성경 해석학은 문자적, 문법적, 역사적인 방식이 기본이다.

단어는 고립되어 있는 것이 아니고 의미는 문장 안에서 결정되어진다. 그러므로 문학형식을 이해해야 저자의 의도를 정확히 알 수 있다. 또한 언어는 역사적인 맥락 속에 사용되기 때문에 정확한 해석을 위해 역사 지식도 필요하다. 비록 성경에 상징적, 시적 표현들이 있지만 성경의 모든 부분에 대한 영적, 풍유적 해석은 잘못이다.

특별히 언약은 수행언어이다. 하나님은 창세기 12장에서 아브람을 부르셔서 땅과 후손을 약속하시고 결국 복의 근원이 될 것을 약속하신다. 창세기 15장에서 하나님은 희생제물 사이로 임재하시면서 후손들에 대한 계획을 구체적인 지리로 말씀하신다. 물리적인 현실을 영적인 차원으로 바꾸면 안 된다.

> 내가 이것을 말하노니 하나님께서 미리 정하신 언약을 사백삼십 년 후에 생긴
> 율법이 폐기하지 못하고 그 약속을 헛되게 하지 못하리라 (갈 3:17)

하나님은 신실하심으로 언약을 반드시 지키신다. 항상 미리 말씀하시고 성취시키는 전능하신 하나님이시다.

주 여호와께서는 자기의 비밀을 그 종 선지자들에게 보이지 아니하시고는 결코 행하심이 없으시리라 (암 3:7)

예표는 구약성경의 역사적인 사건과 신약성경의 가르침의 연관성을 찾는 것으로 성경에 등장한다. 예표는 예수 그리스도의 직접적인 설명을 들었던 사도들이 하나님의 감동으로 쓴 신약성경에도 몇 차례 말씀되고 있다. 그러나 성경에서 입증하고 있는 말씀 외에 우리들 스스로 자의적으로 어떤 말씀을 예표로 푸는 것은 조심해야 한다. 성령님은 오늘날에도 성경을 통해 하나님의 진리를 우리에게 조명하시지만, 성경의 원래 기록된 의미 안에서 조명하시는 것이다. 그러므로 항상 조심스럽게 신약성경의 확실한 보증 아래 해석이 이루어져야 한다.

성경을 신뢰할 만하고 의지할 만한 하나님의 말씀이라고 믿어야 한다. 성경을 읽는 사람은 영적 의미와 해석을 찾아보기 전에 먼저 단어들의 문자적 의미대로 받아들이고 믿어야 한다. 말씀을 문자 그대로 받지 않으면 모든 정확성이 사라져 버린다. 하나님의 말씀에서 항상 영적 교훈을 끌어낼 수는 있지만, 하나님의 말씀을 영적인 것으로 만들거나 우화화해서는 안 된다.

대체신학은 유대인들과 맺은 하나님의 언약이 기독교로 이전되었다고 가르친다.

복음으로 하면 그들이 너희로 말미암아 원수 된 자요 택하심으로 하면 조상들
로 말미암아 사랑을 입은 자라 하나님의 은사와 부르심에는 후회하심이 없느니
라 (롬 11:28-29)

하나님께서 이스라엘을 향해 신실하신 것은 아브라함과 이삭과 야곱에
게 주신 당신의 약속 때문이라고 신약성경은 지적하고 있다. 신약성경은
이스라엘의 택하심과 부르심이 변경할 수 없는 것임을 나타낸다. 주 예수
의 재림 시까지 같은 신실하심과 열정으로 돌보고 계신다. 결코 신약성경
은 대체신학을 인정하지 않는다.

성경을 정확하게 해석하려면 해석은 포괄적이어야 한다. 일관성을 보
여야 하고 앞뒤가 맞아야 한다. 그리고 모든 말씀에 적용되어야 한다. 바
른 성경 해석을 위해 성경 말씀 전체의 이야기가 어떻게 전개되는지 이해
하는 것이 우리에게 큰 도움이 된다. 성경은 전체적인 구원에 대해서 말씀
하고 있다. 이것은 모든 피조물에 적용되는 구원의 이야기이다. 우리 개개
인을 구원해 주신다. 영혼뿐만 아니라 몸까지도 구원해 주신다.

성경 해석법

작가(의도) → Text(성경) → 독자(발견)

열쇠 = 해석법

먼저) 문자적 해석 　　 다음) 영적 해석
　　 문법적 해석 　　　　　 상징적 해석
　　 역사적 해석

아담이 언제 타락했나?

　영원하신 하나님은 시간의 창조자이시며 주관자이시다. '카이로스'는 하나님과의 관계 속에서 나타난 특정한 시간을 의미하는 '하나님의 때'다. '크로노스'는 날마다 낮과 밤이 찾아오듯 흘러가는 시간을 의미한다. 그러나 '카이로스'도 '크로노스' 안에 있는 시간이다. 하나님의 역사는 '크로노스' 안에서 일어나는 것이기 때문에 성경연대를 안다는 것은 성경 말씀을 더욱 입체적으로 이해하는 데 도움이 된다.

> 이스라엘 자손이 애굽 땅에서 나온 지 사백팔십 년이요 솔로몬이 이스라엘 왕
>
> 이 된 지 사 년 시브월 곧 둘째 달에 솔로몬이 여호와를 위하여 성전 건축하기
>
> 를 시작하였더라 (왕상 6:1)

　솔로몬은 주전 970년에 왕으로 등극한다. 성전 건축은 솔로몬이 왕이

된 지 4년 곧 주전 966년경에 시작한다. 이때가 출애굽 한 지 480년이므로 출애굽의 연도는 주전 1446년경이 된다.

> 야곱이 바로에게 아뢰되 내 나그네 길의 세월이 백삼십 년이니이다 내 나이가 얼마 못 되니 우리 조상의 나그네 길의 연조에 미치지 못하나 험악한 세월을 보내었나이다 하고 (창 47:9)

> 이스라엘 자손이 애굽에 거주한 지 사백삼십 년이라 사백삼십 년이 끝나는 그 날에 여호와의 군대가 다 애굽 땅에서 나왔은즉 (출 12:40-41)

야곱이 가족들과 함께 애굽에 간 것은 130세이고 430년 후에 출애굽을 함으로 야곱의 출생 연도는 주전 2006년이 된다. 아브라함은 100세에 이삭을 이삭은 60세에 야곱을 낳았기에 아브라함의 출생 연도는 2,166년경이 된다. Zondervan에서 출판한 *Quest Study Bible*에서도 같은 입장을 취하고 있음을 밝혀 둔다.

창세기 5장에 근거하여 자녀 출생의 나이를 계산하면 아담(130세) → 셋(105세) → 에노스(90세) → 게난(70세) → 마할랄렐(65세) → 야렛(162세) → 에녹(65세) → 므두셀라(187세) → 라멕(182세) → 노아(502세) → 셈을 낳는다.

> 노아는 오백 세 된 후에 셈과 함과 야벳을 낳았더라 (창 5:32)

노아가 육백 세 되던 해 둘째 달 곧 그 달 열이렛날이라 그 날에 큰 깊음의 샘들
이 터지며 하늘의 창문들이 열려 (창 7:11)

셈의 족보는 이러하니라 셈은 백 세 곧 홍수 후 이 년에 아르박삿을 낳았고
(창 11:10)

위 말씀들을 종합하면 노아가 600세 때 대홍수가 있었다. 홍수 2년에
셈은 100세였다.

그러므로 노아가 502세에 셈이 태어난 것이다.

창세기 11장에 의하면 셈(100세) → 아르박삿(35세) → 셀라(30세) → 에벨
(34세) → 벨렉(30세) → 르우(32세) → 스룩(30세) → 나홀(29세) → 데라(70세)
→ 아브람을 낳는다.

하나님은 당신의 생기를 아담의 코에 불어넣으심으로 영원불멸의 존재
로 지으셨다. 원래 아담은 나이를 계산할 필요가 없는 존재였으나 타락함
으로 시간 세계로 들어온 것이다.

선악을 알게 하는 나무의 열매는 먹지 말라 네가 먹는 날에는 반드시 죽으리라
하시니라 (창 2:17)

아담이 불순종하여 타락함으로 영혼의 죽음이 왔고 이어서 육의 죽음
도 왔다. 아담은 시간 세계에 들어와 930세에 죽었다. 아담의 타락에서 아

브람이 출생할 때까지 1,948년이 걸렸다. 약 1,900년간 죽어 있었던 마른 뼈 같은 이스라엘이 1948년에 다시 살아나 건국한 것은 오묘한 하나님의 방법이다.

결론적으로 아담은 주전 약 4,114년(1,948+2,166)경에 타락한 것이다.

이름	나이	년(기간)
아담	130	130
셋	105	235
에노스	90	325
게난	70	395
마할랄렐	65	460
야렛	162	622
에녹	65	687
므두셀라	187	874
라멕	182	1056
노아	502	1558

이름	나이	년(기간)
셈	100	1658
아르박삭	35	1693
셀라	30	1723
에벨	34	1757
벨렉	30	1787
르우	32	1819
스룩	30	1849
나홀	29	1878
데라	70	1948
아브람	아담 타락 후 1948년째 출생	

열왕기상 6장 1절에 의하여
주전 966년(성전 건축) + 480년(애굽 생활) = 주전 1,446년(출애굽의 해)
100세(아브라함) + 60세(이삭) + 130세(야곱 애굽 이주) + 430년(애굽 생활) = 주전 2,166년(아브람 출생)
2,166년 + 1,948년 = 주전 4,114년(아담 타락)

창조의 목적

사람은 격려와 칭찬이 필요하다. 그 이유가 뭘까? 하나님의 형상을 닮

앗기 때문이다. 그렇다면 하나님도 격려와 칭찬이 필요하시다. 하나님의
자녀들이 하나님께 영광과 찬양과 감사를 드릴 때 기뻐하신다.

창조의 목적은 하나님께서 자신의 영광을 나타내시기 위함이었다. 하
나님께서는 피조물들을 통해 영광받기를 원하셨을 뿐 아니라, 또한 자신
의 영광을 온 우주에 나타내기를 원하셨다.

내 이름으로 불려지는 모든 자 곧 내가 내 영광을 위하여 창조한 자를 오게 하
라 그를 내가 지었고 그를 내가 만들었느니라 (사 43:7)

이는 만물이 주에게서 나오고 주로 말미암고 주에게로 돌아감이라 그에게 영광
이 세세에 있을지어다 아멘 (롬 11:36)

우리 주 하나님이여 영광과 존귀와 권능을 받으시는 것이 합당하오니 주께서
만물을 지으신지라 만물이 주의 뜻대로 있었고 또 지으심을 받았나이다 하더라
(계 4:11)

하나님께서 인간을 지으신 목적은 하나님은 사랑이시기 때문에 인간을
사랑하시고 또한 사랑받으시기 위함이다. 대화하고 교제할 사랑의 대상으
로 아담과 하와를 지으시고 그들에게 풍성한 사랑을 부어 주셨다.

사랑하지 아니하는 자는 하나님을 알지 못하나니 이는 하나님은 사랑이심

이라 (요일 4:8)

하나님께서 인간을 지으신 목적은 우리의 삶을 통해 하나님의 일을 이루시기 위함이다.

우리는 그가 만드신 바라 그리스도 예수 안에서 선한 일을 위하여 지으심을 받
은 자니 이 일은 하나님이 전에 예비하사 우리로 그 가운데서 행하게 하려 하심
이니라 (엡 2:10)

우주를 창조하신 것은 지구를 위함이었다. 지구를 창조하신 것은 인간에게 가장 적합한 환경을 제공하는 것이다. 여섯째 날 맨 마지막에 인간을 창조하신 것은 지구환경을 조성하여 사람을 살게 하기 위해서이다. 인간은 우주의 모든 자원을 사용하고 기뻐하도록 만드셨다. 하나님께서 인간을 지으신 목적은 피조물의 왕관으로 그를 통해 영광을 받으시기 원하신다.

그런즉 너희가 먹든지 마시든지 무엇을 하든지 다 하나님의 영광을 위하여 하
라 (고전 10:31)

하나님의 자녀들은 하나님께서 지으신 땅의 귀중함을 알아야 한다. 창조주 하나님이신 예수 그리스도께서 이 땅에 오셔서 당신의 고귀한 피를 흘리셨다는 사실 하나만 생각하더라도 땅이 얼마나 중요한 곳인가를 알

수 있다. 또 예수님의 피로 구속함을 받은 하나님의 자녀들이 살고 있는 곳이기 때문에 소중한 곳이다. 그뿐 아니라 이 땅은 사명지요 사역지이기에 중요하다. 장차 새 하늘과 새 땅 그리고 새 예루살렘이 완성된 하나님의 나라의 우주적 통치 본부가 될 곳인 하나님의 보좌가 있을 곳이기 때문에 소중한 것이다.

창조의 목적 3가지

하나님의 속성 3가지

하나님은 많은 속성을 가지셨다. 그분은 무한하시고, 영원하시고, 불변하시고, 지혜로우시며, 능력이 있으시고, 거룩하시고, 선하시고, 진실하시다.

하나님의 속성을 신약성경에는 "하나님은 OOO이시다"라고 세 번 정의하고 있다.

하나님은 영이시니 예배하는 자가 영과 진리로 예배할지니라 (요 4:24)

하나님은 영이시기 때문에 예수님을 영접하기 전에는 하나님을 알 수 없다. 소련 최초 우주 비행사 유리 가가린(Yurii Gagarin)은 우주에 나가서 아무리 둘러보아도 하나님은 없었다고 말했다. 그러나 눈에 안 보이는 존재가 얼마든지 있다는 것을 과학세계도 인정한다. 하나님을 보여 주면 믿겠다는 것은 어리석은 생각이다. 하나님은 영이시므로 예배할 때에 영적으로 예배해야 한다. 하나님과의 사귐은 내면을 통하는 것이기에 교회에 나올 때 반드시 가져와야 할 것은 회개하는 마음(시 51:17)과 감사하는 마음이다(시 50:23).

우리가 그에게서 듣고 너희에게 전하는 소식은 이것이니 곧 하나님은 빛이시라

그에게는 어둠이 조금도 없으시다는 것이니라 (요일 1:5)

하나님은 빛이시다. 빛의 반대는 어두움이다. 성경은 어두운 것을 죄라고 한다. 빛은 '의'와 '정의'를 상징한다. 하나님은 의로운 분이시고 정의로운 분이시다. 하나님의 심판은 의로운 것임을 믿을 수 있다. 따라서 우리는 예수님을 믿고 구원 받으면 빛으로 나아간다. 그 결과 어둠 속에 오래

있을 수 없고 어둠과 같이 있으면 불편하다. 어두웠던 습관을 버리게 된다. 빛이신 성령님께서 내 속에 들어오시기 때문에 어둠과 같이 있으면 불편하다. 불의한 일을 하면서 하나님의 뜻이라고 얘기할 수 없다.

예수님을 영접했다고 하면서도 계속 죄 가운데 사는 사람은 예수님을 진짜 영접한 것이 아니다. 영접한 자는 생활 가운데 조금씩 어둠을 물리치고 빛 가운데로 나가게 되는데 이것이 성숙이고 성장이다.

> 사랑하지 아니하는 자는 하나님을 알지 못하나니 이는 하나님은 사랑이심이라
>
> (요일 4:8)

하나님의 본질이 사랑이시므로, 사랑하지 않을 수 없다. 우리는 용서하시는 하나님의 사랑을 받았기 때문에 용서하고 사랑해야 한다. 우리는 이웃에 대한 구체적인 사랑을 보임으로써 우리가 구원받은 것을 확인할 수 있다. 그러므로 하나님의 모든 일은 사랑에서 나오는 것이다.

하나님의 속성을 통해 하나님의 심정을 알 수 있고 하나님의 일하시는 방법을 깨달을 수 있다. 하나님은 영이시고 빛이시며 사랑이신 것을 늘 기억해야 한다. 따라서 우리는 성경을 읽고 묵상하며 하나님이 기뻐하시는 삶을 살아야 한다.

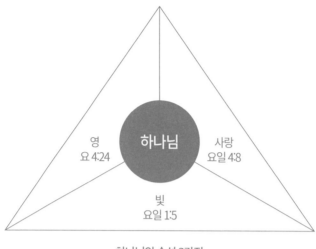

영
요 4:24

하나님

사랑
요일 4:8

빛
요일 1:5

하나님의 속성 3가지

최초의 왕 같은 제사장

하나님이 그들에게 복을 주시며 하나님이 그들에게 이르시되 생육하고 번성하
여 땅에 충만하라, 땅을 정복하라, 바다의 물고기와 하늘의 새와 땅에 움직이는
모든 생물을 다스리라 하시니라 (창 1:28)

아담의 사명은 출산을 통해 하나님의 형상이 많아지게 하여 지구를 하
나님의 형상으로 가득 채우는 것이었다. 하나님의 형상으로 창조된 인간
들이 창조세계 전체를 다스리게 함으로써 아담의 통치 대행권을 세상 전
체에 확장시키고 하나님의 영광을 땅끝까지 나타냄으로써 땅을 정복하는

일이었다.

하나님이 창조세계를 다스림으로 세상의 각종 생물들로 채우셨던 것처럼, 아담과 하와도 "정복하고, 온 땅을 다스려야" 하고, 이로써 "생육하고 번성하여" 하나님의 형상들로 "땅에 충만하게" 되어야 한다(창 1:26, 28). 더 구체적으로 말하자면, 아담은 말을 하고 동물들의 이름을 지음으로 피조물을 다스린다(창 2:19). 이는 하나님이 말씀하시고 이름을 짓는 일을 하심으로 피조물을 통치하셨던 것과 마찬가지다(창 1:5, 8, 10).

에덴 동산은 지구상에 있었던 첫 번째 성전이었다. 에덴 동산은 '동쪽과 산 위'라는 위치에 있었다. 강과 나무들이 있고, 보석과 금속이 있으며, 그룹과 하나님의 임재가 있었고 인간이 맡은 책임이 있었다. 에덴 동산의 일반적인 본질은 곧 성소의 본질이다. 창조세계를 하나님의 우주적인 성전으로 본다면 에덴 동산은 하나님의 보좌가 있는 최초의 지성소이다. 성막과 성전도 하나님의 우주적 성전인 창조세계의 작은 복사판으로 이해할 수 있다.

> 그들이 그 날 바람이 불 때 동산에 거니시는 여호와 하나님의 소리를 듣고 아담
> 과 그의 아내가 여호와 하나님의 낯을 피하여 동산 나무 사이에 숨은지라
> (창 3:8)

> 나는 너희 중에 행하여 너희의 하나님이 되고 너희는 내 백성이 될 것이니라
> (레 26:12)

내가 이스라엘 자손을 애굽에서 인도하여 내던 날부터 오늘까지 집에 살지 아
니하고 장막과 성막 안에서 다녔나니 (삼하 7:6)

'거니시는'(창 3:8), '행하여'(레 26:12), '다녔나니'(삼하 7:6)의 히브리어는 동일
하게 '할라크'이다. 에덴 동산은 하나님의 성소로 묘사되고 있다. 하나님께
서 동산에 거니셨다. 후대에는 성막에서 그렇게 하신다.

여호와 하나님이 그 사람을 이끌어 에덴 동산에 두어 그것을 경작하며 지키게
하시고 (창 2:15)

하나님이 인간에게 "그것(동산)을 경작하며 지키라."는 명령에 사용된 히
브리어 '아바드'(섬기다, 일하다, 다스리다)와 '샤마르'(지키다, 준수하다, 보호하다, 망을
보다)는 레위인들이 성소에서 행해야 할 의무를 묘사하는 구절에서만 나란
히 발견된다(민 3:7-8, 8:26, 18:5-6). 아담은 하나님을 섬기고 만나는 제사장적
지위를 가졌을 것으로 추정할 수 있다. 땅은 하나님의 처소가 되도록 만들
어졌다. 왜냐하면 이곳에서 하나님은 백성과 공존하려고 의도하셨기 때문
이다.

한편 '경작하다'라는 뜻은 사람은 '다스리는 자'요, '섬기는 자'인 동시에
'일하는 자'라는 뜻이 모두 포함되어 있다. '지키다'라는 말씀에는 하나님께
서는 아담에게 '선악과'만 금하신 것이 아니라, 사탄의 공격에서 에덴을 지
켜야 하는 사명도 주셨다고 볼 수 있다. 이처럼 아담은 왕 같은 제사장으

로 지음을 받았던 것이다.

> 그러나 너희는 택하신 족속이요 왕 같은 제사장들이요 거룩한 나라요 그의 소
> 유가 된 백성이니 이는 너희를 어두운 데서 불러 내어 그의 기이한 빛에 들어가
> 게 하신 이의 아름다운 덕을 선포하게 하려 하심이라 (벧전 2:9)

> 그들로 우리 하나님 앞에서 나라와 제사장들을 삼으셨으니 그들이 땅에서 왕
> 노릇 하리로다 하더라 (계 5:10)

> 이 첫째 부활에 참여하는 자들은 복이 있고 거룩하도다 둘째 사망이 그들을 다
> 스리는 권세가 없고 도리어 그들이 하나님과 그리스도의 제사장이 되어 천 년
> 동안 그리스도와 더불어 왕 노릇 하리라 (계 20:6)

예수님 안에서 우리는 왕 같은 제사장의 신분을 가지게 되었다. 따라서 우리는 말씀과 성령님의 능력으로 왕 같은 제사장의 삶을 살아야 한다. 지금은 온전하지 못하나 앞으로 천년왕국과 더 나아가 새 하늘 새 땅에서 완전한 왕 같은 제사장의 모습으로 영원히 살아가게 될 것이다. 아담이 왕이라는 측면에서 보면 에덴은 하나님의 나라이다. 인류의 역사는 하나님 나라의 회복 즉 하나님 나라의 완성을 위한 과정이다. 아담이 제사장이라는 측면에서 보면 에덴은 성전으로 인류의 역사는 성전 회복의 역사이다.

새 하늘, 새 땅, 새 예루살렘은 모든 것이 회복되고 통일되는 곳이다.

천년설에 관하여

신뢰할 만한 친구 목사와 모처럼 통화를 했다. 그 친구는 꽤 오랫동안 목회를 했었고 신학교 강의도 했었다. 자기는 전천년설에서 무천년설로 바꾸었는데 성경 전체를 이해하기 참 좋다고 했다. 나는 무천년설에서 역사적 전천년설로 바꾸었는데 성경을 훨씬 깊이 그리고 생동감 있게 이해하게 되었다고 말했다. 우린 서로 한번 날 잡아 토론 시간을 가지기로 하고 전화를 끊었다. 나는 여전히 그 친구 목사를 사랑하고 신뢰한다. 그리고 만나면 또 많은 것을 서로 배우게 될 것이다. 나는 세대주의에 동의하지는 않지만 이단이라고 말하지 않는다. 왜냐하면 무디(Moody), 존 맥아더(John MacAthur), 척 스미스(Chuck Smith), R. A. 토레이(R. A. Torrey), 찰스 스윈돌(Charles Swindoll) 등의 목회자들이 한결같이 세대주의에 속한 분들이고 여러 부분에서 그들로 많은 것을 배우고 있기 때문이다. 나는 후천년설을 통해서 교회 연합과 화합을 배우고, 무천년설을 통해서 성경을 전체로 보고 영적 의미를 강조하는 것을 통해 많은 것을 배운다. 그러나 내가 무천년설에서 역사적 전천년설로 바뀌게 된 결정적인 이유는 무천년설에서는 천년을 상징적 기간으로 보는 것 때문이다. 현재 교회시대가 천년왕국이라고 보기 때문이다. 현재 주님이 직접 교회를 통해 세상을 통치하고 계시고 사탄이 무저갱에 억압되어 있다고 보기 때문이다. 필자는 성경의 많은 부분을 문자적 의미를 그대로 해석하기 전에 영적으로 해석하곤 했었다.

성경 예언은 문자 그대로 받아들이지 않으면 모든 정확성이 사라져 버린다. 요한계시록 20:1-7에 '천년'이란 단어가 6번 나오는데 천년을 상징적으로 보아야 할 근거가 없다. 구약이나 선지자들이 무천년설을 지지하지 않는다. 초대교회 신학자들도 무천년설을 지지하지 않으며 예수님도 무천년설을 말씀하신 적이 없다.

가능한 성경을 문자적으로 일관되게 해석한 방법이 역사적 전천년설이다. 역사적 전천년설의 종말 사건의 순서는 대배교와 대환난이 있을 것이다. 그리스도의 재림이 가까워졌을 때 적그리스도 출현의 결과로 성도에게 큰 어려움이 닥친다. 믿는 이방인과 믿는 유대인의 수가 차가면서 대환난의 절정에 지상 재림이 이루어진다. 죽어 천상에서 영혼의 상태로 있었던 성도들이 그리스도 재림과 더불어 부활한다(계 20:5-6). 부활한 성도와 변화된 성도들이 그리스도를 영접하기 위하여 휴거된다(살전 4:16-17). 그리스도에 의해 아마겟돈 전쟁에 패함으로 사탄은 결박되고 무저갱에 감금된다(계 20:2-3). 죄의 근원이었던 사탄이 결박된 결과, 죄가 없어지므로 이 땅에는 천 년간 그리스도의 통치로 평화와 공의가 이루어진다. 천년왕국 마지막에 사탄이 잠시 풀려남으로써, 곡과 마곡을 하수인 삼아 그리스도의 나라를 대적한다(계 20:8-9). 사탄은 다시 결박되며 영원한 유황불에 던져진다(계 20:2-3). 악인은 심판을 위한 부활에 이어 영원한 고통 속에 처해진다. 악인의 심판과는 반대로 구원받은 자는 새 하늘과 새 땅, 새 예루살렘에서 영원한 행복을 누리게 된다.

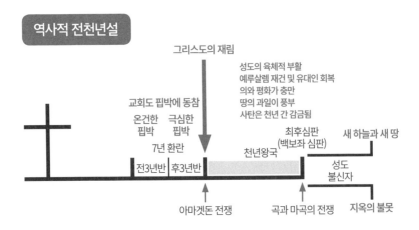

역사적 전천년설

그리스도의 재림

성도의 육체적 부활
예루살렘 재건 및 유대인 회복
의와 평화가 충만
땅의 과일이 풍부
사탄은 천년 간 감금됨

교회도 핍박에 동참

온건한 핍박   극심한 핍박

7년 환란

최후심판
(백보좌 심판)

새 하늘과 새 땅

천년왕국

전3년반 후3년반

성도
불신자

아마겟돈 전쟁   곡과 마곡의 전쟁   지옥의 불못

하나님의 비전

비전은 열정을 일으키는 미래의 그림이다. 하나님께서 열정을 일으키시는 그림은 무엇일까? 하나님의 원래 비전은 최종 비전과 같다. 하나님이 정하신 목적은 당신의 백성이 하나님이 다스리는 장소에 살면서 하나님의 현존을 누리는 것이었다.

창세기 1-2장에서 에덴은 하나님이 거하시는 장소였다. 그리고 하나님은 아담과 하와에게 거주지의 경계를 확장하여 땅에 충만하라고 사명을 위임하셨다.

창세기 3장은 죄로 인해 하나님이 명하신 본래의 부르심이 좌절되었다. 그러나 하나님은 족장들 가운데 때때로 임재하셨다. 하나님이 임재하시는 처소로 성막과 성전을 세우게 하셨다. 솔로몬 성전의 파괴 이후, 선지자들은 새롭게 확장된 성전의 도래를 예견하였다. 이런 예언들은 예수님과 교회를 통해 성취되어 가고 있다. 하나님이 거하시는 장소인 교회는 하늘과 땅 전체를 충만하게 하는 즉 세상 전체가 하나님이 거하시는 처소가 될 날이 이를 때까지 확장되어야 한다.

그런 의미에서 선교는 창세기 1장에서 시작하여 새 하늘과 새 땅이 전능하신 주 하나님이 거하실 처소가 되는 요한계시록 21-22장에 이르는 하나님의 비전의 성취 과정이다. 온 세상이 하나님의 임재로 가득히 채워지는 이 궁극적인 모습은 에덴에서 가지셨던 하나님의 본래 의도를 성취하는 것이다.

에덴은 하나님이 임재하시는 장소였다. 하나님이 임재하시는 장소는 예배의 장소다. 따라서 에덴의 확장이 곧 예배의 확장이다.

하나님의 본래 목적은 성전의 경계를 확장해 세상을 충만하게 하는 것이었다. 에덴 성전에서 아담의 부르심은 세상 전체를 에워싸기까지 에덴 성소의 경계를 확장하는 것이었다. 오는 세상이 하나님의 영광스러운 임재로 가득히 채워지게 하는 것이었다(창 1:28).

하나님은 아담의 실패와 바벨탑을 쌓은 타락한 모든 족속을 구원하시기 위해 아브람을 부르셨다. 이스라엘이 하나님의 백성이고 가나안 땅이 이스라엘에게 주신 땅이라는 사실을 이스라엘과 열방이 알도록 확인시켜주고자 모세를 하나님은 부르셨다. 결국 하나님은 모세에게 이스라엘의 성막을 세우게 하셨다. 이는 에덴의 본을 따라 만들어졌고 우주 전체를 상징하도록 구성된 것이다. 하나님이 역사 전반에 걸쳐 자신의 임재로 세상을 충만하게 하려고 계획하셨기 때문이다. 요한계시록 22:1-5이 하늘과 땅을 가득 채우는 성전인 새 우주 전체를 제시하는 것은 당연한 일이다. 마지막 때의 우주적 성전에 대한 예언자적 소망을 이루는 것이다.

> 보라 내가 새 하늘과 새 땅을 창조하나니 이전 것은 기억되거나 마음에 생각나
> 지 아니할 것이라 (사 65:17)

따라서 창조의 시작부터 계시된 하나님의 처소를 위한 하나님의 목적과 계획은 하늘과 땅 전체를 충만하게 하는 것이었다(계 21:1-3). 마지막 때가 이르러 참된 성전인 새 예루살렘이 하늘에서 내려와 창조세계 전체를 충만하게 할 것이다(계 21:1-3, 10, 22). 에덴을 향한 하나님의 목적은 새 하늘과 새 땅에서 성취된다.

요한계시록 21-22장의 비전은 하나님의 처소가 우주 전체를 가득 채우도록 확장되는 것을 우리가 바라볼 때 세상에서 하나님의 목적에 대한 우리의 소망을 재형성한다.

> 그러나 주의 날이 도둑 같이 오리니 그 날에는 하늘이 큰 소리로 떠나가고 물질
> 이 뜨거운 불에 풀어지고 땅과 그 중에 있는 모든 일이 드러나리로다 이 모든
> 것이 이렇게 풀어지리니 너희가 어떠한 사람이 되어야 마땅하냐 거룩한 행실과
> 경건함으로 하나님의 날이 임하기를 바라보고 간절히 사모하라 그 날에 하늘이
> 불에 타서 풀어지고 물질이 뜨거운 불에 녹아지려니와 우리는 그의 약속대로

의가 있는 곳인 새 하늘과 새 땅을 바라보도다 (벧후 3:10-13)

또 내가 새 하늘과 새 땅을 보니 처음 하늘과 처음 땅이 없어졌고 바다도 다시
있지 않더라 (계 21:1)

새 하늘, 새 땅의 '새로운'의 뜻은 시간이나 기원이 새로운 뜻으로 사용
되는 네오스(νέος)가 아니다. 속성이나 성질이 새로운 뜻으로 사용되는 히
브리어 하다쉬(חדשׁ) 와 헬라어 카이노스(καινός)라는 단어를 사용하고 있다.
시공간적인 새로움을 뜻한다기보다 질적인 차원의 새로움을 가리킨다(사
65:17). 죄와 고통과 거역이 있는 옛 세상은 완전히 소멸되고 하나님이 자기
백성과 함께 거하시는 의의 새로운 세상이 펼쳐지는 것이다. 새 하늘과 새
땅은 타 없어지는 것이 아니고 연속성을 가지고 철저히 갱신된 세계이다.
　새 하늘과 새 땅이 전혀 새로운 창조물이 아니다. 새 하늘과 새 땅은 옛
세계가 갱신되어 새롭게 조성된 새로운 세계이다.
　새 하늘과 새 땅은 영적인 세계이면서 물리적인 세계이다. 초자연적이
면서 자연적인 세계이다. 그러므로 물리적인 낙원의 모습을 놓치면 안 된
다. 하나님의 비전은 새 하늘과 새 땅, 새 예루살렘에서 '경건한 자손'(원어,
제라 엘로힘, '하나님의 씨', 말 2:15)과 더불어 영원히 함께하시며 다스리는 것이
다.

에덴을 찾아서

에덴을 신화로 생각하는 사람들도 있지만 에덴이 실제 장소였다고 보는 기독교인들 사이에서도 에덴의 위치는 지금도 논쟁거리가 되고 있다. 대체로 유프라테스 강과 오늘날 티그리스 강은 지도상에 존재함으로 에덴이 이락 북서쪽 혹은 터키 산간지역에 있었던 것으로 추측되고 있다. 또 많은 학자들은 알 수 없다거나 알 필요가 없다고 생각한다.

여호와 하나님이 동방의 에덴에 동산을 창설하시고 그 지으신 사람을 거기 두시니라 여호와 하나님이 그 땅에서 보기에 아름답고 먹기에 좋은 나무가 나게 하시니 동산 가운데에는 생명 나무와 선악을 알게 하는 나무도 있더라 강이 에덴에서 흘러 나와 동산을 적시고 거기서부터 갈라져 네 근원이 되었으니 첫째의 이름은 비손이라 금이 있는 하윌라 온 땅을 둘렀으며 그 땅의 금은 순금이요 그 곳에는 베델리엄과 호마노도 있으며 둘째 강의 이름은 기혼이라 구스 온 땅을 둘렀고 셋째 강의 이름은 힛데겔이라 앗수르 동쪽으로 흘렀으며 넷째 강은 유브라데더라 (창 2:8-14)

성경은 에덴 동산의 위치에 대해 중요한 단서를 제공해 주고 있다. 성경은 다른 두 개의 강 비손과 기혼이 에덴의 주변에 흐르고 있다고 말한다. 비손은 하윌라, 지금의 아라비아 땅을 관통하여 흐르는 강이고, 기혼은 구스 땅을 흐르는 강인데 이곳은 지금의 에티오피아와 수단의 고대의 이름이다.

시몬스(Jan Jozef Simons)는 그의 저서 *The Geographical and Topographical Texts of the Old Testament*에서 "하윌라 온 땅은 아라비아 반도 전체를 통칭할 수 있다"라고 한다(pp. 40-41).

> 하나님이 이르시되 천하의 물이 한 곳으로 모이고 뭍이 드러나라 하시니 그대로 되니라 하나님이 뭍을 땅이라 부르시고 모인 물을 바다라 부르시니 하나님이 보시기에 좋았더라 (창 1:9-10)

지질학자들은 지구 대륙이 원래 한 덩어리였는데 그것이 몇 쪽으로 쪼개어졌다는 것을 정설로 받아들이고 있다. 하나의 대륙이 떨어져나가 점차적으로 대륙들이 분리되었다고 말한다. 이것이 오늘날 주도적인 이론이 된 대륙이동설(continental drift)로 통합된 판구조론(plate tectonics)이다. 생물학자들도 대륙이동설을 지지하고 있다. 지리적으로 수천 수만 킬로미터 떨어진 대륙에서 같은 종의 특이한 동식물들이 발견되기 때문이다. 성경은 창세기 7장 대홍수 때 대 지각변동이 있었고 창세기 10장 벨렉 때 땅이 나누어졌다고 기록한다.

> 에벨은 두 아들을 낳고 하나의 이름을 벨렉이라 하였으니 그 때에 세상이 나뉘었음이요 벨렉의 아우의 이름은 욕단이며 (창 10:25)

Two sons were born to Eber : One was named Peleg, because in his
time the earth was divided; his brother was named Joktan.
(Gn 10:25)

벨렉 때에 세상이 나뉘었다라고 번역했는데 바벨탑 사건 이후 인류가
나누어진 것을 말하는 것이 아니고 땅이 나누어진 것이다.

총신대학원 성지연구소 이문범 교수는 창세기 2:10-14에 근거하여 네
개의 강 근원지를 합치면 에덴 동산의 위치가 나온다고 한다. 노아시대의
홍수 때 심각한 지형 변화가 일어났음을 고려해 아시아와 아프리카에 있
는 근원지를 한 곳에 끌어당기면 예루살렘 부근이 에덴 동산이 있었던 위
치가 된다고 주장한다.

고고학자인 하버드 대학교 로렌스(Lawrence E. Stager) 교수는 *Jerusalem
as Eden*에서 가나안 땅이 에덴 동산이며 그 중앙이 예루살렘이라고 주장
한다(pp. 36-37).

창조과학자이며 지질학자인 게인즈(Gaines R. Johnson)의 저서 *The Bible,
Genesis & Geology*에서 아래와 같이 서술한다.

성경은 강줄기가 에덴에서 흘러나왔다고 하고 있다. 물의 원점은 레바논의 남
쪽이며 더 자세히 말하자면 현재의 이스라엘 중 예루살렘 인근이라고 할 수
있으며 또는 디베랴 바다 속에서 솟고 있는 물줄기라고 할 수 있을 것이다.
(2013:101)

에덴 동산의 강줄기는 바로 유다에서 시작한다. 그곳에서부터 네 갈래로 나누어진다. 기억할 것은 예루살렘이 바로 지각판 서쪽에 위치하고 있고 지금은 지각변동으로 막혀있지만 한때 큰 원천이 되었던 대수층의 근원이 바로 에덴의 물줄기의 원천으로 보는 것이다. 그리고 과학적으로도 증명이 된 사실이지만 중동지역의 Nubian 모래바위 대수층을 비롯하여 여러 개의 대수층들을 발견할 수 있다. (2013:103)

안개만 땅에서 올라와 온 지면을 적셨더라 (창 2:6)

아담과 하와 당시 '안개'만 땅에서 올라와 온 지면을 적셨더라고 했는데 땅속의 물이 (지하수가 압력에 의해 분수처럼 솟아나옴) 솟아나와 땅을 적신다는 성경구절처럼 이러한 물들이 모여 강을 이룰 수 있다는 가능성을 인정해야 한다.

지질학자들의 조사에 의하면 예루살렘 성전산 아래에 거대한 수맥이 있다고 한다.

게인즈는 연구의 종합적인 결론으로 "현재 중동지방의 지도로는 에덴 동산의 위치나 네 개의 강줄기의 위치를 알 수는 없지만 하나님의 말씀을 받는 믿음과 그 지역의 지리와 지각변동을 이해하면서 볼 때 지금의 이스라엘이 에덴 동산의 중심이었음을 알 수 있다."(2013:103)고 말한다. 에덴은 이스라엘이며 동산 중앙은 예루살렘이라는 성경적 근거는 다음에 서술하려 한다.

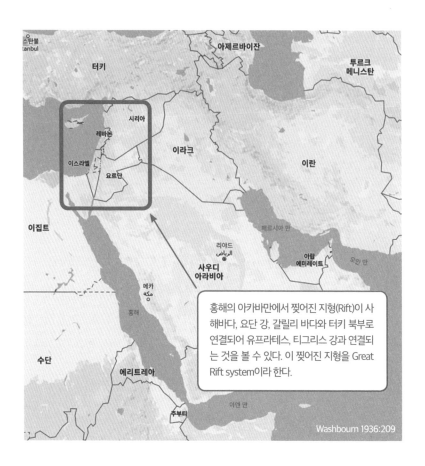

홍해의 아카바만에서 찢어진 지형(Rift)이 사해바다, 요단 강, 갈릴리 바다와 터키 북부로 연결되어 유프라테스, 티그리스 강과 연결되는 것을 볼 수 있다. 이 찢어진 지형을 Great Rift system이라 한다.

Washbourn 1936:209

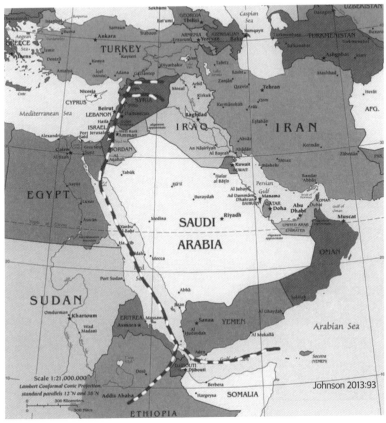

에덴에서 발원된 4강의 흐른 경로를 추정한 지도

마라나타의 신앙

그리스도인의 신앙생활은 종말론적인 삶이라고 규정할 수 있다. 그러
므로 그리스도인들은 신앙 고백의 핵심인 사도신경 속에서 예수 그리스도

께서 산 자와 죽은 자를 심판하러 오실 것을 고백한다. 예수님께서도 제자들에게 "나라가 임하시오며"라고 기도할 것을 가르치셨다. 그 나라는 메시아 왕국이다. 그것은 그리스도 안에서 시작되었으며 재림하실 때 온전히 완성될 것이다. 그러나 종말론적인 삶이라고 해서 말세가 되었으니까 모든 것을 팽개치고 교회에 모여서 성경 공부만 하고 기도만 하자는 그런 의미에서의 삶을 가르치는 것은 아니다. 종말을 맞이하는 심정으로 책임 있고 성실하게 살아가는 삶의 태도를 뜻하는 말이다.

예수님께서 가르치신 대로 난리, 전쟁, 온역, 기근, 지진, 박해, 불법이 성하고 사랑이 식어지는 것을 보아 주님 오실 날이 임박했다. "나는 그리스도다!" 외치는 자도 많고 거짓 선지자들의 미혹하는 행위들을 보아서도 역사의 마지막이 가까이 왔다. 그러나 성경은 분명히 그 날과 그 때는 아무도 모른다고 말씀하고 있다(마 24:36, 25:13).

분명한 사실은 오늘 하루가 그 마지막 최후의 순간을 향해서 더 가까이 갔다는 사실이다. 또한 우리가 비록 우주적인 종말을 모른다고 할지라도 내 개인적인 종말이 눈앞에 임박해 있다는 사실은 누구나 실감하지 않을 수 없다. 내가 원해서 이 땅에 태어난 것이 아닌 것처럼 나의 마지막 날을 내가 결정할 수 없다. 그러나 그날은 점점 다가오고 있는 것이다. 그러므로 우리는 하루하루를 나의 마지막 날처럼 귀하고 성실하게 열심히 살아가야 한다.

성경 말씀을 넘어서서 개인적 체험만을 우선시하고 강조하는 행위는 항상 이단 집단을 형성해 왔던 것이 역사의 증거다. 어떠한 계시나 신비적

체험 그리고 예언도 항상 성경의 권위를 넘을 수 없고 성경이 가는 곳까지 가고 성경이 멈추는 곳에서 멈추어야 한다.

분명한 것은 앞으로 역사 속에서 일어날 모든 사건 가운데서 가장 분명한 사건은 그리스도께서 다시 오시는 사건이 될 것이다. 예수 그리스도의 재림을 믿고 구원받은 자에게는 복스러운 소망이요 축복이 될 것이다. 그러나 구원받지 못한 자에게는 심판이요 저주가 될 것이다. 또한 예수 그리스도의 다시 오심은 우리들의 삶의 결산의 날이요, 그리스도인들의 마지막 승리의 날이 될 것이다.

이 위대한 날을 바라보면서 모름지기 우리는 어떻게 살아야 할 것인가? 초대교회 교인들은 마라나타의 신앙 속에 핍박을 이기고 승리의 삶을 살았다. '마라나타'란 "주 예수여 오시옵소서"(계 22:20) 혹은 "주께서 임하시느니라"(고전 16:22)의 뜻으로 초대교회 교인들의 신앙의 요약이요 정신이었다. 그리스도의 재림의 임박성을 느끼며 성령충만하여 순교하기까지 복음을 전하던 초대교회 교인들의 기도문이요 인사였다. '마라나타'의 신앙 이것이 바로 그들의 삶에 있어 마지막에 대한 긴박감을 갖게 했고 따라서 오늘의 삶을 하나님 앞에서 성실하고 책임 있는 믿음으로 능력 있게 자기의 전부를 바치는 삶으로 살아가게 만들어 주었던 것이다.

하나님의 주권과 성경의 권위를 인정하는 하나님의 자녀들은 인간적인 계산이나 개인적인 체험을 내세워 하나님보다 앞서가서는 안 된다. "때와 시기는 아버지께서 자기의 권한에 두셨으니 너희가 알 바 아니요"(행 1:7)라고 말씀하셨기 때문이다. 또한 "깨어 있으라"는 주님의 음성을 무시하고 재림의 긴박감을 느끼지 못하는 것은 더욱 큰 잘못을 범하게 될 것이다. "그런즉 깨어 있으라 너희는 그 날과 그 때를 알지 못하느니라"(마 25:13).

존 웨슬리(John Wesley)에게 어떤 젊은이가 질문을 던졌다.

"만약에 내일 밤 12시에 하나님께서 당신을 부르신다면 지금부터 그 시간까지 무엇을 하겠습니까?" 존 웨슬리는 "지금까지 살아온 대로 하던 일을 그대로 계속할 것입니다."라고 매우 의미 있는 대답을 했다고 한다. 매일매일 그날이 마지막 날이라고 생각하고 최선을 다하여 살아왔기에 이제 죽음을 통고 받았다고 해서 새삼스럽게 어떤 일을 생각할 필요가 없다는 것이다. 지금까지 하던 일을 계속하면서 언제 주님 오실까에 신경을 쓰고 불안해하기보다 항상 깨어 준비하고 오시기를 고대해야 한다.

세계가 혼란하고 영계가 혼탁할수록 초대교회 성도들처럼 순수한 마라나타의 신앙으로 거룩한 행실과 경건함을 유지하며 하나님의 날이 임하기를 바라보고 간절히 사모해야 한다(벧후 3:11-12). 오늘 하루가 나에게 주어진 마지막 날인 것처럼 진실한 믿음과 사랑으로 충성할 것이며 깨어서 기도하고 스스로를 청결케 하고 성령님의 능력을 힘입어 주의 일에 힘써야 한다. 또한 영원히 살 것처럼 준비하고 열심히 살아야 할 것이다. 우리는 그 날과 그 시를 알지 못하기 때문이다(마 25:13).

마라나타! 아멘 주 예수여 오시옵소서! (계 22:20)

시한부 종말론을 경계해야 한다. 이들이 역사적으로 많은 물의를 일으켰고 그 결과는 항상 건전한 재림 신앙에 많은 해를 입혀왔다. 그리고 은사중지론을 경계해야 한다. 사람이 완전하지 않음으로 성령님의 은사를 잘못 사용하여 공동체에 해를 입히는 경우가 적지 않다. 그래서 더욱 겸손히 분별하여 은사를 사용해야 한다. 그렇지만 은사를 제한하는 것은 성령님을 거스르는 것으로 더욱 큰 잘못이 될 것이다.

하나님의 말씀 앞에 우리 모두는 겸손해야 한다. 우리는 그 누구도 성경을 다 알 수 없다. 성경은 방대한 내용을 담고 있기에 내용면으로 모든 말씀을 다 깨달을 수 없다. 성령의 도우심 속에 겸손히 믿음으로 말씀을 묵상하며 깨달아야 할 것이다. 그러나 한계를 인정하며 배우기를 힘쓰고 가볍게 남을 판단하는 일을 삼가야 한다.

God's Master Plan

2
이스라엘과 하나님의 언약

예루살렘이 회복되는 날에
하나님은 죄 많던 그 성읍을 용서하실 것이고,
관계를 새롭게 회복하실 것이다.
하나님은 다윗의 왕권을 다시 일으킬 것이고
자기 백성 가운데 다시 거주할 것이다.
영원한 언약은 아브라함 언약, 모세 언약, 다윗 언약,
그리고 새 언약까지 포함한다.

역대상 16장 17-18절
이는 야곱에게 세우신 율례 곧 이스라엘에게 하신 영원한 언약이라 이르시기를
내가 가나안 땅을 네게 주어 너희 기업의 지경이 되게 하리라 하셨도다

하나님께서 사람을 지으시고 "선악을 알게 하는 나무의 열매는 먹지 말라 네가 먹는 날에는 반드시 죽으리라 하시니라"(창 2:17)는 행위 언약을 주셨다. 그러나 인간에게 허락하신 제한된 자유의지를 남용함으로 타락하고 그 결과 에덴에서 쫓겨난다. 하나님께서 창세기 3:15의 여자의 후손 언약을 통해 메시아를 보내실 것을 언약하신다.

경건한 자손을 얻기(말 2:15)를 원하셨던 하나님은 죄악이 가득한 세상을 물로 심판하시고 대홍수 속에 살아남은 노아 가족에게 땅을 멸할 홍수가 다시는 없을 것을 약속하시는 보존 언약(무지개 언약)을 주신다.

에덴을 회복하시기 위하여 창조주께서 먼저 아브라함을 이스라엘 민족의 조상으로 택하신 후에 이스라엘 존재 목적에 시동을 걸고자 언약을 주셨다. 그것들은 모두 하나님께서 아브라함과 그 후손들과 맺으신 것이다. 언약은 두 당사자 사이의 계약으로서 문자적으로 이해되어야 한다. 하나님께서 이방인들과는 언약을 맺으신 적이 없으시다(엡 2:12). 이 언약들은 영원하고 영속적이며 이스라엘과 맺은 것이다. 하나님께서 중간에 마음을 바꾸실 수 없으시다.

회복과정과 언약

아브라함 언약

여호와께서 아브람에게 이르시되 너는 너의 고향과 친척과 아버지의 집을 떠나 내가 네게 보여 줄 땅으로 가라 내가 너로 큰 민족을 이루고 네게 복을 주어 네 이름을 창대하게 하리니 너는 복이 될지라 너를 축복하는 자에게는 내가 복을 내리고 너를 저주하는 자에게는 내가 저주하리니 땅의 모든 족속이 너로 말미 암아 복을 얻을 것이라 하신지라 (창 12:1-3)

내가 내 언약을 나와 너 및 네 대대 후손 사이에 세워서 영원한 언약을 삼고 너

와 네 후손의 하나님이 되리라 (창 17:7)

아브라함 언약의 대전제는 고향, 친척, 아버지의 집을 떠나 하나님께서

보여 줄 땅으로 가는 것이었다. 하나님의 언약 백성이 된다는 사실은 지금

까지 추구해 오던 이기적인 삶에서 하나님 제일주의의 삶으로 바꾸는 것

을 의미한다. 하나님께서 자기를 두고 맹세하신 이스라엘과 맺으신 기본

적인 언약이며 모든 후속 언약의 토대가 된다.

아브라함 언약의 세 가지 기본 요소는 후손과 땅과 모든 족속이 받는 복

을 말한다. 아브라함 언약 속에 담고 있는 복은 아브라함을 조상으로 이스

라엘 민족을 형성시켜 가나안 땅으로 이끄는 것이다. 그리하여 그곳에서

실제적으로 나라를 세우고 모든 족속을 하나님께로 인도하는 제사장 나라

의 사명을 감당케 하는 것이다.

아브라함 언약은 하나님께서 일방적으로 세우신 무조건적 영원한 언약

으로 하나님의 전능성과 신실성 때문에 반드시 이루어질 언약이다.

가나안 땅 언약

그 날에 여호와께서 아브람과 더불어 언약을 세워 이르시되 내가 이 땅을 애굽

강에서부터 그 큰 강 유브라데까지 네 자손에게 주노니 곧 겐 족속과 그니스 족

속과 갓몬 족속과 헷 족속과 브리스 족속과 르바 족속과 아모리 족속과 가나안
족속과 기르가스 족속과 여부스 족속의 땅이니라 하셨더라 (창 15:18–21)

이는 야곱에게 세우신 율례 곧 이스라엘에게 하신 영원한 언약이라 이르시기를
내가 가나안 땅을 네게 주어 너희 기업의 지경이 되게 하리라 하셨도다
(대상 16:17–18)

약속의 땅 혹은 이스라엘 땅으로 젖과 꿀이 흐르는 땅으로도 표현된다
(창 12:1, 13:14–17, 17:7–8; 신 30:1–10; 시 105:7–11). 남쪽으로 애굽 강(와디 미스라임)에서
부터 시나이 반도를 지나는 전 영역과 동쪽으로 유브라데 강까지 이르는
레바논과 시리아의 넓은 지역이 포함된 땅을 아브람과 그의 자손들에게
약속하셨다. 오늘날의 가자 지구와 서안 지구(웨스트뱅크)도 그 안에 포함된
다. 약속의 땅 언약은 하나님께서 이스라엘에게 하신 무조건적인 영원한
언약이다.

보라 내가 노여움과 분함과 큰 분노로 그들을 쫓아 보내었던 모든 지방에서 그
들을 모아들여 이 곳으로 돌아오게 하여 안전히 살게 할 것이라 그들은 내 백성
이 되겠고 나는 그들의 하나님이 될 것이며 내가 그들에게 한 마음과 한 길을
주어 자기들과 자기 후손의 복을 위하여 항상 나를 경외하게 하고 내가 그들에
게 복을 주기 위하여 그들을 떠나지 아니하리라 하는 영원한 언약을 그들에게
세우고 나를 경외함을 그들의 마음에 두어 나를 떠나지 않게 하고 내가 기쁨으

로 그들에게 복을 주되 분명히 나의 마음과 정성을 다하여 그들을 이 땅에 심으리라 (렘 32:37-41)

내가 그들을 그들의 땅에 심으리니 그들이 내가 준 땅에서 다시 뽑히지 아니하리라 네 하나님 여호와의 말씀이니라 (암 9:15)

하나님께서 이스라엘 백성들을 모든 지방에서 귀환하게 하여 약속의 땅에 안전히 살게 할 것이다. 가나안 땅 언약은 영원한 언약이기 때문에 그들을 이 땅에 심고 다시는 뽑히지 않도록 지키실 것이다. 오늘 우리 시대에 이루어지고 있는 것을 눈으로 바라본다. 그러나 성경을 정확무오한 말씀으로 믿는다고 말하는 기독교인들이 아담의 후손들이 죄에서 구원받는 것에는 전적으로 동의하지만 하나님께서 땅의 통치권을 회복하시고 계심에는 동의하지 않는 자들이 많은 것이 오늘의 현실이다.

예루살렘은 하나님의 관심의 도시

예루살렘(Jerusalem, 히, 예루살라임יְרוּשָׁלַיִם)은 평화의 기초(the foundation of the peace)라는 뜻으로 '성산, 시온, 시온 산성, 하나님의 성, 살렘, 외인의 성읍, 여부스, 아리엘' 등 여러 가지로 표현되고 있다. 히브리어 '예루살라임'은 쌍수로 예루살렘이 땅에도 있고 하늘에도 있음을 말하고 하나님은 땅의 예루살렘을 회복시키시고 하늘에 예루살렘을 지어가고 계신다.

예루살렘이란 단어만으로도 성경에 767회(구약 629회, 신약 138회) 쓰이고 있으며 시온까지 포함하면 900회 이상 사용되고 있다.

예루살렘은 오늘날 갈등의 핵으로 아담이 범죄한 곳이요 저주가 시작된 곳이다. 이곳에서 인류 구속과 회복을 위하여 하나님의 아들이 죽음을 감당했다. 그러나 사탄은 자기의 운명을 알고 최대한 방해하고 있다. 이스라엘 건국은 예루살렘 회복을 위한 과정이다. 하나님의 나라도 수도가 회복되어야 나라가 진정 회복되는 것이다. 하나님은 아브라함을 택하시고 이스라엘 땅을 보여 주시고 예루살렘을 보여 주신다.

> 살렘 왕 멜기세덱이 떡과 포도주를 가지고 나왔으니 그는 지극히 높으신 하나님의 제사장이었더라 (창 14:18)

살렘은 예루살렘의 옛 이름이다. 멜기세덱은 '의의 왕'이란 뜻이다. 다윗보다 수십 세기 이전의 인물인 그는 예루살렘의 왕이요 제사장이었다. 성경 역사에서 갑자기 출현하여 아브라함에게 예물을 받고 축복을 베푼 신비로운 인물이다. 성경은 이 같은 그의 신비하고 독특한 신분에 근거하여, 영원한 왕이며 제사장이신 그리스도를 예표하는 인물로 삼았다.

> 이 멜기세덱은 살렘 왕이요 지극히 높으신 하나님의 제사장이라 여러 왕을 쳐서 죽이고 돌아오는 아브라함을 만나 복을 빈 자라 아브라함이 모든 것의 십분

의 일을 그에게 나누어 주니라 그 이름을 해석하면 먼저는 의의 왕이요 그 다음
은 살렘 왕이니 곧 평강의 왕이요 아버지도 없고 어머니도 없고 족보도 없고 시
작한 날도 없고 생명의 끝도 없어 하나님의 아들과 닮아서 항상 제사장으로 있
느니라 (히 7:1-3)

여호와는 맹세하고 변하지 아니하시리라 이르시기를 너는 멜기세덱의 서열을
따라 영원한 제사장이라 하셨도다 (시 110:4)

멜기세덱은 구약에 잠깐 나타나는 아주 신비한 인물 중의 한 사람이다.
그러나 이 사람의 존재 속에는 오랜 세월 후에 이 땅에 오실 예수님의 모
습이 선명하게 담겨있다. 이 사람은 실제 존재했던 구약의 인물이다. 그는
아브라함과 동시대 인물로 살렘 왕이었으며 아브라함이 조카 롯을 구하고
그돌라오멜과 여러 왕들을 물리치고 돌아오는 중에 그를 만났다. 그때 아
브라함은 전쟁에서 얻은 노략물의 십일조를 그에게 바쳤다. 그때 멜기세
덱은 아브라함에게 떡과 포도주를 주었다. 이것은 주님의 최후의 만찬과
예수님의 죽으심에 대한 상징이었다.
  그 후 약 천년이 흐른 뒤 다윗은 오실 메시아에 대해서 예언하면서 멜기
세덱을 다시 한 번 언급했다.
  히브리서 기자는 예수님을 레위 지파나 아론 자손이 아닌 '멜기세덱의
반차를 따른 제사장'이라고 말했다(히 5:10). 그리고 멜기세덱은 탄생, 아비,
어미, 족보, 죽음 등에 대한 기록이 전혀 없는 아주 독특한 사람인 것이다.

이러한 면은 멜기세덱을 통해 예수 그리스도를 설명하고 있다.

예루살렘, 하나님께서 친히 준비하신 땅

아브라함이 브엘세바에 거할 때 하나님께서 그를 시험하시고자 100세에 겨우 얻은 아들 이삭을 모리아 산으로 데려가 번제로 드리라고 명하신다.

"불과 나무는 있거니와 번제할 어린 양은 어디 있나이까?"라는 아들의 질문을 들었을 때 "하나님께서 자기를 위하여 친히 준비하시리라"(창 22:8) 답한다. 아브라함의 마음속에는 지금까지 자신의 인생을 주관하시는 하나님의 섭리로 인하여 전능하시고 신실하신 하나님께서 자기를 위하여 친히 준비하시리라는 '여호와 이레'의 신앙이 이미 자리를 잡고 있었던 것이다.

이 사건에 대하여 히브리서 기자는 아브라함의 신앙 상태를 다음과 같이 기록하고 있다.

> 아브라함은 시험을 받을 때에 믿음으로 이삭을 드렸으니 그는 약속들을 받은 자로되 그 외아들을 드렸느니라 그에게 이미 말씀하시기를 네 자손이라 칭할 자는 이삭으로 말미암으리라 하셨으니 그가 하나님이 능히 이삭을 죽은 자 가운데서 다시 살리실 줄로 생각한지라 비유컨대 그를 죽은 자 가운데서 도로 받은 것이니라 (히 11:17-19)

아브라함은 이삭이 여호와 하나님의 약속을 받은 아들임을 확신하고 혹 자신이 번제로 죽여 하나님께 드릴지라도 전능하신 하나님께서 다시 부활시키실 것으로 생각하였다. 이미 아브라함에게 부활의 신앙이 있었기에, 그는 조금도 주저함 없이 이삭을 묶어 번제로 드리려 했다.

그곳에서 약 80km에 달하는 거리에 멀리 떨어진 모리아 산까지 3일 길을 걸어가 모리아 산 아래 도착하여 "내가 아이와 함께 저기 가서 경배하고 너희에게 돌아오리라" 말하며 사환을 기다리게 한다. 이때 아브라함은 이삭과 함께 돌아오리라고 말하여 여호와 이레의 하나님을 믿고 이삭과 함께 돌아올 것을 확신하고 있었다. 왜 하필이면 약 80km에 달하는 거리에 떨어진 모리아 산에 가서 번제를 드리라고 명하신 것일까? '아브라함이 그 땅 이름을 여호와 이레'(창 22:14)라 한 것처럼 모리아 산은 인류 구원의 대역사를 위해 하나님께서 친히 준비하신 땅이었기 때문이었다.

그곳에서 예수님이 십자가에 못 박히고 3일 후에 부활하실 것을 이삭을 통해 2천 년 전에 미리 계시하신 것이다. 아브라함의 3일 길을 걸어간 것은 예수께서 3일 후에 부활할 것을 나타내신 것이다.

> 아브라함이 그 땅 이름을 여호와 이레라 하였으므로 오늘날까지 사람들이 이르기를 여호와의 산에서 준비되리라 하더라 (창 22:14)

이삭을 바친 이 사건을 통해 기억해야 할 것은 아브라함이 그 땅 이름을 '여호와 이레'라고 했다는 사실이다. 그곳은 중앙 성소인 성전을 세우기 위하여 준비된 땅이었다. 또한 아담과 하와가 죄를 범했던 장소요 바로 그곳이 하나님의 아들이 대속의 제물로 드려지기 위해 예비된 땅이었다. 메시아가 죽으시고 부활하시고 승천하시고 다시 오실 땅으로 새 하늘, 새 땅, 새 예루살렘의 중심으로 특별히 준비된 땅이었다.

시내 산 언약

세계가 다 내게 속하였나니 너희가 내 말을 잘 듣고 내 언약을 지키면 너희는 모든 민족 중에서 내 소유가 되겠고 너희가 내게 대하여 제사장 나라가 되며 거룩한 백성이 되리라 너는 이 말을 이스라엘 자손에게 전할지니라 (출 19:5-6)

언약식을 통해 여호와 하나님은 실제적으로 이스라엘의 하나님이 되시고 이스라엘은 하나님의 언약 백성이 된다. 제사장 나라가 된다는 것은 하나님과 사람들 사이에서 사람들로 하여금 하나님께 더욱 가까이 나아가도록 도와주고 그들로 하여금 하나님의 진리와 사랑과 정의와 은혜와 보호와 복 주심을 누리도록 도와주는 역할을 하는 것이다. 하나님은 "내 말을 잘 듣고 내 언약을 지키면"이라는 조건을 붙이셨다. 율법을 주심으로 이런 사실이 증명된다. 하나님께 순종하는 것은 인생의 본분이며 하나님의 백성의 본분이다.

내가 이방 나라들을 네 앞에서 쫓아내고 네 지경을 넓히리니 네가 매년 세 번씩 여호와 네 하나님을 뵈려고 올 때에 아무도 네 땅을 탐내지 못하리라 (출 34:24)

이스라엘이 제사장 나라임이 틀림없는 것은 여호와의 절기를 그들에게 맡기셨기 때문이다. 이 땅에서 유일하게 이스라엘만 여호와의 절기를 지키는 민족이다. 땅을 주시고 지경을 넓히시는 것도 절기를 지키기 위함이었다.

내가 그들 중에 거할 성소를 그들이 나를 위하여 짓되 무릇 내가 네게 보이는 모양대로 장막을 짓고 기구들도 그 모양을 따라 지을지니라 (출 25:8-9)

율법과 더불어 하나님께서는 성소에 대해 계시해 주신다. 하나님은 성막을 통해 이스라엘 백성과 함께 거하시고 친히 통치하기를 원하셨다.

예루살렘, 하나님의 이름을 두시려고 택하신 곳

여호와께서 자기의 이름을 두시려고 택하신 곳에서 소와 양으로 네 하나님 여호와께 유월절 제사를 드리되 (신 16:2)

'이름을 두다'라는 말의 히브리어로는 '이름이 거기에 살게 하다'라는 뜻이다. 그것은 하나님께서 어떤 장소를 택하시고 그곳에 그의 이름을 거주하게 하신다는 뜻이다. 구약에서 '하나님'과 그 하나님의 '이름'은 거의 같은 뜻으로 쓰이는 예가 많다. 하나님의 '이름이 있는 곳'이란 바로 '하나님이 계신 곳'이다.

이름은 그 이름을 가지고 있는 이의 현존 그 자체이다. 그러므로 하나님께서 당신의 이름을 두시려고 택하신 곳은 곧 당신의 이름이 그곳에 거주하는 것이다. 즉 하나님께서 몸소 거주하고 계시면서 예배를 받으시는 곳을 뜻한다. 우리 쪽에서 본다면 하나님께서 계시는 '예배 장소'를 일컫는 것이다. 그러므로 하나님께서 그의 이름을 두시려고 택하신 곳이란 '하나님께 예배하며 섬기는 곳'을 의미한다.

> 너와 네 자녀와 노비와 네 성중에 있는 레위인과 및 너희 중에 있는 객과 고아
> 와 과부가 함께 네 하나님 여호와께서 자기의 이름을 두시려고 택하신 곳에서
> 네 하나님 여호와 앞에서 즐거워할지니라 (신 16:11)

신명기 12:5, 11, 21, 14:23-24, 16:2, 6, 11, 26:2를 같이 참고하면 좋겠다.

왜 하나님은 오직 한곳만을 택하여 예배 처소로 삼았을까? 그 이유는 다음과 같다.

첫째, 종교적인 부분에서 보면 가나안 족속들의 수많은 예배 제단들과 달리 이스라엘의 유일한 예배 처소는 이스라엘 백성들의 여호와 신앙을

순수하게 보존시킬 수 있었다. 둘째, 사회적인 부분에서 오직 하나의 유일한 예배 처소는 이스라엘 12지파들을 같은 신앙을 가진 하나의 민족 공동체로 강하게 결속시킬 수 있었다. 여호와께서 자기의 이름을 두시려고 택하신 곳은 이스라엘의 사회의 유일한 중앙 성소를 가리키는데, 주변 나라들에 대해 하나님께서 이스라엘 중에 함께하신다는 사실을 증거하는 역할을 감당하기도 했다. 후일 유다 지파 내의 예루살렘 성읍에 '솔로몬 성전'이 건립됨으로써 역사적으로 성취되었다.

> 너의 가운데 모든 남자는 일 년에 세 번 곧 무교절과 칠칠절과 초막절에 네 하
> 나님 여호와께서 택하신 곳에서 여호와를 뵈옵되 빈손으로 여호와를 뵈옵지 말
> 고 (신 16:16)

긴 여행을 감당할 수 없는 환자들이나 노인들은 절기 참석에서 제외되었지만 이스라엘 남자들은 모두 절기에 참석해야 했고 숙박할 곳이 없는 사람들은 개인집이 개방되기도 하고 광장이나 교외에 장막을 치고 일시적으로 거주하기도 했다.

이곳은 아담이 범죄한 바로 그 장소 에덴 동산의 중앙이기 때문에 하나님의 아들이 흠 없는 어린 양으로 희생 제물로 드려져야 할 곳이었다.

예루살렘을 정복한 다윗

다윗이 시온 산성을 빼앗았으니 이는 다윗 성이더라 (삼하 5:7)

만군의 하나님 여호와께서 함께 계시니 다윗이 점점 강성하여 가니라
(삼하 5:10)

다윗이 온 이스라엘과 더불어 예루살렘 곧 여부스에 이르니 여부스 땅의 주민
들이 거기에 거주하였더라 여부스 원주민이 다윗에게 이르기를 네가 이리로 들
어오지 못하리라 하나 다윗이 시온 산 성을 빼앗았으니 이는 다윗 성이더라
(대상 11:4-5)

예루살렘을 택하여 내 이름을 거기 두고 또 다윗을 택하여 내 백성 이스라엘을
다스리게 하였노라 하신지라 (대하 6:6)

다윗은 30세에 왕위에 올라서 40년을 다스렸다. 그는 헤브론에서 7년
6개월 동안 유다를 다스렸고 예루살렘에서 33년 동안 온 이스라엘과 유다
를 다스렸다. 다윗은 아마 20세 이전에 선지자 사무엘에게서 기름부음을
받고 10여 년 동안 힘든 피신 생활을 하였고 30세에 유다 왕이 되었다. 그
리고 37세에 이스라엘 왕이 된 것이다. 다윗은 70세까지 이스라엘을 통치
하였다. 다윗과 이스라엘을 향하신 하나님의 작정과 섭리는 이렇게 이루

어졌다.

　이스라엘의 왕이 된 다윗은 우선 이스라엘의 수도를 건립하려 하였다. 그는 여부스 족속들이 거하는 시온 산성 곧 예루살렘을 후보지로 확정했다. 가나안 땅은 하나님의 허락하신 약속의 땅이며 가나안 족속들은 다 멸해야 할 족속들이었다. 다윗 왕과 그의 부하들은 예루살렘으로 가서 그 땅 거민 여부스 사람을 치려했으나 여부스 사람은 다윗에게 "네가 이리로 들어오지 못하리라. 맹인과 다리 저는 자라도 너를 물리치리라"(삼하 5:6)고 말했다. 그들은 다윗이 그리로 들어오지 못하리라고 생각하였다. 그러나 다윗은 시온 산성 즉 요새였던 시온 성을 빼앗았다. 그것이 다윗 성이다. 그날에 다윗은 "누구든지 여부스 사람을 치거든 수구로 올라가서 다윗의 마음에 미워하는 다리 저는 자와 맹인을 치라"고 말했다. 그래서 사람들은 "맹인과 다리 저는 자는 집에 들어오지 못하리라"고 말했다.

　다윗은 예루살렘을 점령하며 그 성읍이 남북왕국 어느 지파에도 속하지 않는 독립적인 장소, 곧 다윗 성으로 명명하고 통치 기반을 다졌다. 다윗은 이 성읍을 부수지 않고 그 전체를 자기의 통치 영역에 편입시켰고 더욱 견고한 도성으로 건설한다.

　다윗은 그 산성에 거하여 다윗 성이라 이름을 짓고 밀로에서부터 안으로 성을 둘러쌓았다.

　아브라함 때 모리아 산이었던 이곳에는 여부스 사람들이 살고 있었다. 여호수아 때도 정복하지 못했던 이곳을 다윗이 믿음의 용기로 점령하여 하나님의 뜻을 따라 잘 섬겼다. 다윗이 이스라엘의 왕이 된 것은 하나님의 뜻이며 섭리였다. 그러므로 그는 하나님께서 함께하심으로 점점 강성해 갔다. 하나님은 '만군의 하나님' 곧 능력이 많으신 하나님이시다. 다윗은 예루살렘을 정복하여 수도로 삼고 백성들을 다스렸다. 때가 되면 다윗의 후손이신 메시아 예수님이 오셔서 다스리실 곳이기도 하다.

영원한 다윗 왕조 언약

전에 내가 사사에게 명령하여 내 백성 이스라엘을 다스리던 때와 같지 아니하게 하고 너를 모든 원수에게서 벗어나 편히 쉬게 하리라 여호와가 또 네게 이르노니 여호와가 너를 위하여 집을 짓고 네 수한이 차서 네 조상들과 함께 누울 때에 내가 네 몸에서 날 네 씨를 네 뒤에 세워 그의 나라를 견고하게 하리라 그는 내 이름을 위하여 집을 건축할 것이요 나는 그의 나라 왕위를 영원히 견고하게 하리라 (삼하 7:11-13)

네 집과 네 나라가 내 앞에서 영원히 보전되고 네 왕위가 영원히 견고하리라 하셨다 하라 (삼하 7:16)

하나님께서는 선지자 나단을 통해 다윗에게 언약을 맺어 주신다. 다윗 언약의 내용은 첫째, 이스라엘을 모든 원수로부터 벗어나 편히 쉬게 하시겠다는 것, 둘째, 자신의 몸에서 날 자식을 주심으로 다윗의 위를 영원히 견고케 하시겠다는 것, 셋째, 그 자식으로 하여금 여호와의 이름을 위하여 집을 건축하게 하시겠다는 것이다.

> 내가 내 종 야곱에게 준 땅 곧 그의 조상들이 거주하던 땅에 그들이 거주하되 그들과 그들의 자자 손손이 영원히 거기에 거주할 것이요 내 종 다윗이 영원히 그들의 왕이 되리라 내가 그들과 화평의 언약을 세워서 영원한 언약이 되게 하고 또 그들을 견고하고 번성하게 하며 내 성소를 그 가운데에 세워서 영원히 이르게 하리니 내 처소가 그들 가운데에 있을 것이며 나는 그들의 하나님이 되고 그들은 내 백성이 되리라 (겔 37:25-27)

다윗 언약은 하나님 언약의 특성상 어떤 경우라도 결코 무효화되거나 취소될 수 없다. 바벨론에 의한 남유다의 멸망과 관련해 다윗 언약 속에 담긴 언약 성취의 이중 구조적 성격을 알게 된다. 다시 말해 다윗 언약을 포함해서 제반 신적언약의 중심 사상들이 한편으로 이스라엘의 과거 역사 속에서 예비적으로 성취되는 것과 동시에 또 한편으로는 미래에 참 다윗 왕의 실체로 오시는 예수 그리스도 안에서 최종적이며 종말론적으로 성취될 것에 대한 확실한 전망을 가지게 된다.

예루살렘, 하나님의 긍휼과 화해가 임한 곳

이 날에 갓이 다윗에게 이르러 그에게 아뢰되 올라가서 여부스 사람 아라우나의 타작 마당에서 여호와를 위하여 제단을 쌓으소서 하매 (삼하 24:18)

그리하여 다윗은 그 터 값으로 금 육백 세겔을 달아 오르난에게 주고 다윗이 거기서 여호와를 위하여 제단을 쌓고 번제와 화목제를 드려 여호와께 아뢰었더니 여호와께서 하늘에서부터 번제단 위에 불을 내려 응답하시고 여호와께서 천사를 명령하시매 그가 칼을 칼집에 꽂았더라 이 때에 다윗이 여호와께서 여부스 사람 오르난의 타작 마당에서 응답하심을 보고 거기서 제사를 드렸으니 (대상 21:25-28)

역대상 21장에는 다윗이 인구 조사한 사실을 보도하고 있다. 하나님보다는 군대를 의지하려는 발상에서 시행한 인구조사는 하나님의 격노를 사게 되었다. 갓 선지자를 통해서 전달된 하나님의 징계 방법은 삼년 기근이나 석 달 동안 대적에게 쫓기거나 삼일 동안 온역이 전 이스라엘을 휩쓰는 것 중에서 하나를 택하라는 것이었다. 다윗이 고민 중에 택하게 된 온역으로 인해 이스라엘 백성들 7만 명이 죽었다. 하나님은 전염병을 중지시키는 조건으로 오르난의 타작마당에서 제사를 드리도록 하셨다. 다윗은 여부스 족의 오르난이라고 하는 사람에게 땅값을 지불하고 사서 번제와 화목제를 드리자 하나님께서 받으시고 전염병이 멈추었다.

번제는 다윗 자신과 이스라엘 백성들이 하나님께 범한 죄를 사함받기 위함이고, 화목제는 죄 용서에 따른 감사 및 이제부터 하나님과 화해를 이루고 친교가 회복되었다는 의미에서 드려졌다. 아라우나와 오르난은 동일한 인물로 그들의 타작마당은 하나님의 긍휼과 화해가 임한 장소였다.

> 다윗이 이르되 이는 여호와 하나님의 성전이요 이는 이스라엘의 번제단이라 하였더라 (대상 22:1)

다윗은 하나님의 응답이 있는 곳 바로 이곳이 하나님의 성전 자리임을 깨닫게 된다.

예루살렘, 솔로몬 성전

> 솔로몬이 예루살렘 모리아 산에 여호와의 전 건축하기를 시작하니 그 곳은 전에 여호와께서 그의 아버지 다윗에게 나타나신 곳이요 여부스 사람 오르난의 타작 마당에 다윗이 정한 곳이라 (대하 3:1)

> 내가 주를 위하여 거하실 성전을 건축하였사오니 주께서 영원히 계실 처소로소이다 하고 (대하 6:2)

내가 내 백성을 애굽 땅에서 인도하여 낸 날부터 내 이름을 둘 만한 집을 건축

하기 위하여 이스라엘 모든 지파 가운데서 아무 성읍도 택하지 아니하였으며

내 백성 이스라엘의 주권자가 될 사람을 아무도 택하지 아니하였더니 예루살렘

을 택하여 내 이름을 거기 두고 또 다윗을 택하여 내 백성 이스라엘을 다스리게

하였노라 하신지라 (대하 6:5-6)

솔로몬이 모리아 산에 성전을 짓는 것은 이스라엘 역사상 하나님과의
만남이라는 차원에서 중요한 의미가 깃든 장소였기 때문이다. 오래전 족
장 아브라함이 하나님의 말씀을 전적으로 순종하여 100세 얻은 독자 이삭
을 그곳에서 희생 제물로 바치려 함으로써 그의 믿음이 입증 받은 장소이
다. 모세를 통해 하나님께서 자기의 이름을 두시려고 택하신 곳으로 계시
하신 곳이다. 가깝게는 이스라엘 위에 내린 하나님의 두려운 재앙을 멈추
도록 하기 위해 다윗 왕이 그곳 아라우나 타작마당에 제단을 쌓고 하나님
께 희생 제사를 드림으로서 응답을 받은 장소이다.

여호와께서 그에게 이르시되 네 기도와 네가 내 앞에서 간구한 바를 내가 들었

은즉 나는 네가 건축한 이 성전을 거룩하게 구별하여 내 이름을 영원히 그 곳에

두며 내 눈길과 내 마음이 항상 거기에 있으리니 (왕상 9:3)

다윗이 이르기를 이스라엘 하나님 여호와께서 평강을 그의 백성에게 주시고 예

루살렘에 영원히 거하시나니 (대상 23:25)

여호와께서 시온을 택하시고 자기 거처를 삼고자 하여 이르시기를 이는 내가 영원히 쉴 곳이라 내가 여기 거주할 것은 이를 원하였음이로다 (시 132:13-14)

하나님께서는 자기의 기쁘신 뜻을 따라 수많은 성읍 중에 예루살렘을 택하시고 자기 이름을 두실 성전 터로 삼으시고 솔로몬을 통해 성전을 건축하게 하셨다.

새 언약

여호와의 말씀이니라 보라 날이 이르리니 내가 이스라엘 집과 유다집에 새 언약을 맺으리라 이 언약은 내가 그들의 조상들의 손을 잡고 애굽 땅에서 인도하여 내던 날에 맺은 것과 같지 아니할 것은 내가 그들의 남편이 되었어도 그들이 내 언약을 깨뜨렸음이라 여호와의 말씀이니라 그러나 그 날 후에 내가 이스라엘 집과 맺을 언약은 이러하니 곧 내가 나의 법을 그들의 속에 두며 그들의 마음에 기록하여 나는 그들의 하나님이 되고 그들은 내 백성이 될 것이라 여호와의 말씀이니라 그들이 다시는 각기 이웃과 형제를 가리켜 이르기를 너는 여호와를 알라 하지 아니하리니 이는 작은 자로부터 큰 자까지 다 나를 알기 때문이라 내가 그들의 악행을 사하고 다시는 그 죄를 기억하지 아니하리라 여호와의 말씀이니라 (렘 31:31-34)

새 언약은 하나님께서 이스라엘 집과 유다 집에 세우신 언약이다. 그것은 옛 언약의 갱신이었으나 이방인들이 편입되는 언약이었다. 옛 언약은 이스라엘 백성이 애굽에서 나와서 시내 산에서 하나님과 맺었던 언약이었다. 그러나 이스라엘 백성은 반복해서 하나님의 언약을 어겼다. 그러나 죄 없으신 하나님의 아들 예수님은 친히 나무에 달려 우리 죄를 담당하시고 율법의 요구가 이루어지게 하신다(벧전 2:24; 롬 8:4).

새 언약 아래에서는 하나님의 법이 사람들의 마음에 새겨질 것이다. 이는 성령님의 내주와 후원하시는 능력의 역사로 가능하게 됨을 의미한다. 하나님과 이스라엘 백성 간의 관계는 하나님께서 그들의 하나님이 되시고 그들은 하나님의 백성이 될 것이다. 사람들 속에 하나님의 지식이 충만할 것이다. 죄인들에게 영원한 죄 사함이 있을 것이다. 하나님께서는 그들의 죄를 기억하지도 않으실 것이다. 그리스도께서 우리의 죄를 위해 한 영원한 제사를 드리심으로 그 보혈의 공로 안에서 모든 죄가 영원히 도말된 것이다.

그리스도께서 몸이 찢기시고 피를 쏟으시며 새 언약을 성취시키셨다. 유월절 새 언약의 양이 되셔서 죽으시고 초실절에 부활의 첫 열매가 되심으로 율법을 완성시키셨다.

내가 이것을 말하노니 하나님께서 미리 정하신 언약을 사백삼십 년 후에 생긴 율법이 폐기하지 못하고 그 약속을 헛되게 하지 못하리라 (갈 3:17)

아브라함과 세우신 주권적 언약은 430년 뒤에 세운 시내 산 언약(율법 언약)이 폐할 수 없음을 새 언약을 이루심으로 확신시켜 주셨다. 약속하신 성령님을 오순절에 보내주시고 예수님은 메시아요 하나님의 아들이심을 고백하는 제자들에게 권능을 입혀주시고 예루살렘과 온 유대와 사마리아와 땅끝까지 이르러 복음의 증인이 되게 하신다.

유대인들이 새 언약 안에 참여한 자가 되어 이스라엘의 회복에만 관심을 두지 말고 이방인 구원을 이루는 데 헌신하길 원하셔서 대사명을 주신다(마 28:18-20; 행 1:6-8). 그러므로 바울은 새 언약의 일꾼 됨을 고백한다.

> 그가 또한 우리를 새 언약의 일꾼 되기에 만족하게 하셨으니 율법 조문으로 하지 아니하고 오직 영으로 함이니 율법 조문은 죽이는 것이요 영은 살리는 것이니라 (고후 3:6)

이방인이 메시아 예수님을 영접했다면 에베소서 2:11을 통해 "그러므로 생각하라"라고 말씀하신다. 성령님으로 둘이 한 몸을 이루는 한 새 사람으로 함께 하나님께 나아오기를 원하신다. 교회의 완성을 위하여 새 언약 속에 있는 하나님의 지혜와 비밀을 알아야 한다(엡 2:12-18).

> 형제들아 너희가 스스로 지혜 있다 하면서 이 신비를 너희가 모르기를 내가 원하지 아니하노니 이 신비는 이방인의 충만한 수가 들어오기까지 이스라엘의 더러는 우둔하게 된 것이라 그리하여 온 이스라엘이 구원을 받으리라 기록된 바

구원자가 시온에서 오사 야곱에게서 경건하지 않은 것을 돌이키시겠고 내가 그들의 죄를 없이 할 때에 그들에게 이루어질 내 언약이 이것이라 함과 같으니라 (롬 11:25-27)

새 언약을 아는 자(체험한 자)는 유대인과 이방인이 함께하므로 새 언약의 비밀(슥 9:9-11)을 깨달은 바울은 자신이 이방인의 사도가 된 것은 어찌하든지 자기의 골육인 이스라엘의 구원 때문임을 가슴 저리도록 사모하고 고백한다.

시온의 딸아 크게 기뻐할지어다 예루살렘의 딸아 즐거이 부를지어다 보라 네 왕이 네게 임하시나니 그는 공의로우시며 구원을 베푸시며 겸손하여서 나귀를 타시나니 나귀의 작은 것 곧 나귀 새끼니라 내가 에브라임의 병거와 예루살렘의 말을 끊겠고 전쟁하는 활도 끊으리니 그가 이방 사람에게 화평을 전할 것이요 그의 통치는 바다에서 바다까지 이르고 유브라데 강에서 땅 끝까지 이르리라 또 너로 말할진대 네 언약의 피로 말미암아 내가 네 갇힌 자들을 물 없는 구덩이에서 놓았나니 (슥 9:9-11)

예루살렘 언약

나 주 여호와가 이같이 말하노라 네가 맹세를 멸시하여 언약을 배반하였은즉

내가 네 행한 대로 네게 행하리라 그러나 내가 너의 어렸을 때에 너와 세운 언

약을 기억하고 너와 영원한 언약을 세우리라 (겔 16:59–60)

에스겔 16장은 예루살렘에 관한 말씀을 기록하고 있다. 하나님과 예루살렘(이스라엘) 간의 관계를 새롭게 회복시키는 '새 언약'을 가리킨다. 곧 예루살렘이 회복되는 날에 하나님은 죄 많던 그 성읍을 용서하실 것이고, 관계를 새롭게 회복하실 것이다. 하나님은 다윗의 왕권을 다시 일으킬 것이고 자기 백성 가운데 다시 거주할 것이다.

영원한 언약은 아브라함 언약, 모세 언약, 다윗 언약, 그리고 새 언약까지 포함한다.

그 날에 여호와의 싹이 아름답고 영화로울 것이요 그 땅의 소산은 이스라엘의

피난한 자를 위하여 영화롭고 아름다울 것이며 시온에 남아 있는 자, 예루살렘

에 머물러 있는 자 곧 예루살렘 안에 생존한 자 중 기록된 모든 사람은 거룩하

다 칭함을 얻으리니 이는 주께서 심판하는 영과 소멸하는 영으로 시온의 딸들

의 더러움을 씻기시며 예루살렘의 피를 그 중에서 청결하게 하실 때가 됨이라

여호와께서 거하시는 온 시온 산과 모든 집회 위에 낮이면 구름과 연기, 밤이면

화염의 빛을 만드시고 그 모든 영광 위에 덮개를 두시며 (사 4:2–5)

때가 되면 예루살렘을 새롭게 하실 것이다. 솔로몬 왕이 지은 성전에서 기도를 마치매 불이 하늘에서 내려와 제물들을 사르고 여호와의 영광이

성전에 가득했다(대하 7:1).

그러나 에스겔은 바벨론이 그 성전을 파괴하기 얼마 전에 여호와의 영광이 그곳을 떠나는 것을 보았다(겔 10:3-5, 11:22-23). 여호와의 영광이 성전 문지방에 이르고 성읍 가운데에서부터 올라가 성읍 동쪽 산에 머물렀다(겔 10:4, 11:23). 그러나 때가 되면 하나님의 영광이 다시 성전으로 돌아오는 것을 보았다. 하나님의 영광이 동쪽으로부터 왔다(겔 43:2). 그리고 여호와의 영광이 동문을 통하여 성전으로 들어갔고(겔 43:4) 여호와의 영광이 성전에 가득했다(겔 43:5).

> 그가 내게 이르시되 인자야 이는 내 보좌의 처소, 내 발을 두는 처소, 내가 이스라엘 족속 가운데에 영원히 있을 곳이라 이스라엘 족속 곧 그들과 그들의 왕들이 음행하며 그 죽은 왕들의 시체로 다시는 내 거룩한 이름을 더럽히지 아니하리라 (겔 43:7)

마침내 여호와의 영광이 성전으로 돌아오고 하나님은 이스라엘 족속 가운데 영원히 거할 것이다.

> 보라 내가 새 하늘과 새 땅을 창조하나니 이전 것은 기억되거나 마음에 생각나지 아니할 것이라 너희는 내가 창조하는 것으로 말미암아 영원히 기뻐하며 즐거워할지니라 보라 내가 예루살렘을 즐거운 성으로 창조하며 그 백성을 기쁨으로 삼고 내가 예루살렘을 즐거워하며 나의 백성을 기뻐하리니 우는 소리와 부

르짖는 소리가 그 가운데에서 다시는 들리지 아니할 것이며 (사 65:17-19)

'새 하늘과 새 땅'은 현재 우리가 살고 있는 하늘과 땅이 갱신된 것이다. 이 세상은 죄로 인해 심히 더러워진 세상이며 저주받은 세상이다. 새 하늘과 새 땅은 회복된 세계이다. 곧 죄가 없는 의의 세계, 저주와 불행이 없는 평안의 세계이다. 그것은 바로 영원한 천국이다. 하나님께서 능력으로 구원하시고 회복하실 새 세계는 이 세상과 비교할 때 현저히 변화된 곳임을 증거한다. 현재의 세상은 눈물의 골짜기이지만 새 세계는 눈물이 없고 기쁨이 충만한 영원한 세계이다. 그때 예루살렘은 즐거운 성이 될 것이다. 세상이 새롭게 되어 인자가 자기 영광의 보좌에 앉을 때(마 19:28)에 큰 임금의 성(마 5:35) 예루살렘이 모든 산 위에 우뚝 서게 된다(사 2:1-4).

'여호와 이레' 여호와의 산에서 준비되리라(창 22:14)라는 말씀이 이루어질 것이다.

God's Master Plan

3
예루살렘과 예수님

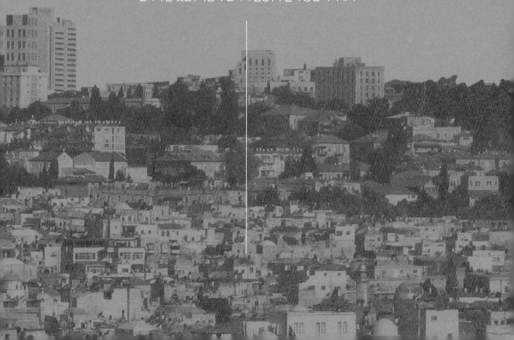

인자가 온 것은 대속물로 자신을 주기 위함이요
생의 목표는 십자가였다.
골고다 언덕을 바라보며 예루살렘에 입성하셨고
순간순간 십자가를 바라보셨다.
인자가 온 것은 피 값으로 우리를 속량하신 것이요,
죄의 노예, 사망의 노예, 사탄의 노예,
어두움의 노예로부터 자유하게 하셨다.

디모데후서 2장 8절
내가 전한 복음대로 다윗의 씨로 죽은 자 가운데서
다시 살아나신 예수 그리스도를 기억하라

언약의 성취를 위해 하나님의 아들이 때가 차매 오셨다(갈 4:4). 이제 또한 때가 차매 예루살렘으로 올라가시는 것이다.

예수님의 결심

예수께서 승천하실 기약이 차가매 예루살렘을 향하여 올라가기로 굳게 결심하시고 (눅 9:51)

예수님께서 4번째로 예루살렘으로 가시는 길은 죽음의 길이요, 고난의 길이었다. 그러나 굳게 결심하시고 올라가신다. 고난의 주로 오셔서 마지막 고난의 순간을 적극적으로 맞이하시는 예수님의 심정을 읽을 수 있다.

고난의 길은 죽음의 길 그리고 부활, 승천의 길로 나아가는 길이다. 결국은 승천하시기 위해 예루살렘으로 향하여 올라가시는 셈이다.

약 4천 년 전 아담과 하와가 하나님의 말씀에 불순종함으로 이 땅에 죽음과 저주가 임하였다. 아담이 범죄했을 때 하나님은 짐승을 잡아 가죽옷을 입히셨다. 바로 그 범죄의 장소를 아브라함에게 계시하셨고 모세에게 가르쳐 주셨고 다윗을 통해 점령케 하신 곳이다.

범죄한 장소에서부터 모든 저주를 감당하시고 인류의 운명을 역전시키기 위하여 바로 그곳을 향하여 올라가시는 것이다.

여자의 후손 언약(창 3:15)을 이루시기 위하여 범죄한 후 약 2천 년 뒤 아브라함을 부르신다. 그리고 약 5백 년 후 모세를 부르셔서 한 민족을 통해 구원의 도구로 쓰시고자 훈련시키신다. 하나님은 자기 백성들을 십계명과 율법과 제사의식 법을 가르치신다. 성막을 짓게 하시고 그곳 성소에서 만나주셨다.

아담이 범죄하여 쫓겨난 바로 그 장소로 돌아가야 하기에 땅에 관하여 계속 계시하셨다. 창세기 15장에서 구체적으로 땅의 범위를 가르쳐 주시고 살고 있는 족속들을 알려 주신다. 그리고 때가 차매 한 민족을 일으켜 들어가 정복하게 하셨다.

때가 차매 하나님의 아들이 육신을 입고 이 땅에 오신 것이다(갈 4:4).

죽은 자를 살리셨고, 소경의 눈을 뜨게 하셨고, 병든 자를 고쳐주셨고, 앉은뱅이를 일으켜 주셔서 그들로 하여금 주님을 찬송하게 하셨다. 나병 환자 시몬이 나았고 마리아의 오빠 나사로가 살아났다. 그들은 가만히 있을 수 없어 스스로 나서서 찬양했을 것이다. 인생들은 능력이 부족해도 예수님은 능력이 많으시다. 영적, 육적으로 병들었던 인생들이 예수님을 만났기 때문에 새 인생을 살게 되었다. 예수님은 능력이 많으셔서 약한 자들의 병을 고쳐 주시고 참된 평강을 주신다.

복음서를 종합해 보면 예수님께서 예루살렘과 베다니 중간에 있는 벳바게라는 작은 동네에 두 제자를 보내시고 나귀를 끌고 오는 과정을 통해 메시아이심을 보여주신다. 예수님은 벳바게에 가보지 않으셨지만 동네 입구에 나귀가 두 마리 있고, 그중 한 마리는 사람이 탄 적이 없는 새끼 나귀이며, 나귀가 매인 것을 풀면 주인이 왜 그러냐고 물어볼 것이고 그러면 "주께서 쓰시겠다."라고 말하면 그 사람이 가만히 있을 것이라고 말씀하셨다. 이 사건은 예수님이 우리와 같은 보통 사람이 아니라 하늘에서 오신 하나님의 아들이요, 시간과 공간을 초월하는 모든 것을 보고 계신 전지한 능력자라는 사실을 보여 준다.

> 시온의 딸아 크게 기뻐할지어다 예루살렘의 딸아 즐거이 부를지어다 보라 네
> 왕이 네게 임하시나니 그는 공의로우시며 구원을 베푸시며 겸손하여서 나귀를
> 타시나니 나귀의 작은 것 곧 나귀 새끼니라 (슥 9:9)

예루살렘에 입성할 때에 나귀를 타신 것은 예수님이 지금까지 보여주신 모습과 다르게 행동하셨다. 이제는 자신이 누구인지를 분명하게 나타내야 하는 때가 왔기 때문이다. 이제 며칠 후면 예수님은 십자가에 달리시게 된다. 예수님은 지금이 자신이 누구인지를 사람들에게 알릴 수 있는 가장 좋은 기회라고 생각하셨다. 당시 유월절에는 많은 사람들이 예루살렘에 모였다. 요세푸스는 300만이 넘는 인원이 모였을 것이라고 추측했다. 예수님이 엄청난 인파들 앞에서 자신이 메시아라는 것을 보여주기 위해 선택한 도구는 나귀였다.

메시아에 관한 구약 선지자의 예언을 온전히 성취시킨 것이었다. 예수님은 자신이 다윗의 자손으로서 죄와 죽음을 정복할 왕이요 메시아임을

선포했던 것이다.

이스라엘 악고의 가이코헨 목사는 전통 제사장 가문의 랍비 아들이었는데 어느 전도자가 준 쪽복음을 통해 나귀 새끼를 타고 오시는 메시아 예언의 말씀이 성취됨을 읽으며 예수님을 믿게 되었다.

왕이 말을 탄다는 것은 전쟁 중이라는 신호이고, 나귀를 타면 평화의 시대를 의미한다. 이 모습은 예수님은 정치적인 왕이 아니라 나귀를 타고 세상의 구세주가 되기 위해 오신 메시아라는 것을 의미한다.

> 종려나무 가지를 가지고 맞으러 나가 외치되 호산나 찬송하리로다 주의 이름으로 오시는 이 곧 이스라엘의 왕이시여 하더라 (요 12:13)

종려나무를 흔들며 왕을 맞이하는 것은 이스라엘 왕으로 오신 메시아를 환영하며 영접하는 이스라엘의 찬송으로 초막절에 일어나는 사건이다. 유월절을 앞두고 초림 예수님은 자신이 왕이심을 계시하시고 죽으시지만 재림하셔서 만왕의 왕으로 천년왕국을 다스리실 것이다.

예수님이 예루살렘에 입성할 때 다양한 부류의 사람들이 있었다. 어떤 사람들은 베다니에서 죽은 나사로를 살린 소문을 듣고 예수님이 누구인지 궁금해서 나온 사람도 있었고, 사람들이 많이 모이는 것을 보고 아무 생각 없이 나온 사람도 있었을 것이다. 또는 예수님이 정치적인 메시아라는 확신을 가지고 예수님을 환영하거나 종려나무를 흔든 사람도 있었을 것이다. 이 모습을 본 제자들은 흥분했지만 예수님은 흥분하지 않았다. 예수님은 결코 군중의 환호성에 휩쓸리지 않았다.

군중이 흥분했기 때문에 통제가 쉽지 않았지만 예수님은 나귀에서 내려오지 않으시고 묵묵히 예루살렘으로 들어가셨다. 예언을 이루기 위해서 나귀를 타고 들어가야 했는데 군중이 흥분을 했다고 해서 나귀에서 내려 숨을 수가 없었다. 이러한 의미에서 예루살렘 입성은 우리가 생각하는 승리의 입성은 아니다. 예수님은 정치적인 정복자로 예루살렘에 들어가신 것이 아니라 가시면류관을 쓰기 위해 오셨다. 세상의 보좌가 아니라 십자가에 달리셨다. 조롱당하시고 고난 받기 위해 오신 왕으로 입성하셨다.

예수님은 겸손히 나귀를 타고 입성하셔서 자기를 희생 제물로 드림으로 말씀을 이루셨다. 많은 사람들에게 예수님이 구약에 예언된 메시아임을 확인시키실 뿐만 아니라 예수님을 대적하고 죽이려는 사람들에게도 자신의 존재를 나타내셨다. 예루살렘은 예수님을 시기하고 죽이려는 수많은 적들이 모여 있는 곳이었다.

유대 지도자들은 예수님의 행동을 파악하기 위해 애쓰고 있었다. 그러나 예수님은 자신의 행동을 감추지 않고 드러내어 모든 사람들로부터 주목을 받았다. 이날은 예수님이 십자가에 달려 돌아가시기 닷새 전으로 자신이 유월절의 대속 제물 되심을 선포하신 것이다. 고난당하고 죽임을 당하는 것이 그분의 오신 목적이기 때문에 예수님은 원수들에게 자신을 드러내셨다.

십자가를 향해서 나가시는 예수님의 발걸음은 두려움이 아닌 당당하고 영광스러운 발걸음이었다. 예수님은 사탄의 모든 권세를 십자가에서 폐하시고 승리하셨다. 또한 예수님은 이 세상의 정복자로 오신 것이 아니라 죄인을 구원하여 하나님의 나라를 이루시고 마귀의 일을 멸하기 위해 오셨다.

예수님은 불쌍한 인생들이 겪는 많은 문제들을 해결해 주시고 더 나아가 십자가를 통해 저주의 근본 원인인 마귀를 패배시키길 원하셨다.

믿음은 기억하는 것

오직 너는 스스로 삼가며 네 마음을 힘써 지키라 그리하여 네가 눈으로 본 그 일을 잊어버리지 말라 네가 생존하는 날 동안에 그 일들이 네 마음에서 떠나지 않도록 조심하라 너는 그 일들을 네 아들들과 네 손자들에게 알게 하라

(신 4:9)

하나님은 이스라엘 백성들에게 기억하라고 말씀하신다. 애굽의 종살이에서 구원받은 날을 대대로 잊지 말고 기억하라고 엄하게 명령하시고, 과거의 교훈을 기억하는 것이 현재의 풍요한 삶과 미래의 꿈을 이루는 토대임을 말씀하신다. 가장 중요하게 기억해야 할 것은 십자가의 구원 사건이다.

내가 전한 복음대로 다윗의 씨로 죽은 자 가운데서 다시 살아나신 예수 그리스

도를 기억하라 (딤후 2:8)

바울은 다윗의 씨를 기억하고 그리스도를 기억하라고 한다. 하나님은
택하신 백성을 구원하기 위해 메시아를 다윗의 씨를 통해 보내 주셨다.

미쁘다 이 말이여 우리가 주와 함께 죽었으면 또한 함께 살 것이요 참으면 또
한 함께 왕 노릇 할 것이요 우리가 주를 부인하면 주도 우리를 부인하실 것이라
(딤후 2:11-12)

그리스도를 기억함은 그분과 함께 십자가에 달려 죽으시고 다시 부활
하심을 기억하는 것이다. 어려울 때 우리는 그리스도를 기억해야 한다. 그
분과 함께 죽었다는 것을 기억해야 한다. 죽어야 살고 참아야 왕 노릇 한
다는 것을 기억하라고 하신다. 한 알의 밀알이 땅에 떨어져 썩어 죽지 아
니하면 열매를 맺을 수 없다. 참지 않으면 왕 노릇 못한다. 참아야 왕 노릇
한다. 고난의 과정은 열매 맺는 과정임을 기억하고 왕 노릇은 참는 자에게
주어진다는 것을 기억하자.

또 떡을 가져 감사 기도 하시고 떼어 그들에게 주시며 이르시되 이것은 너희를
위하여 주는 내 몸이라 너희가 이를 행하여 나를 기념하라 하시고 (눅 22:19)

예수님은 기억하기를 원하시기에 오늘날 교회에서는 예수님을 기념하

는 성찬식을 행한다. 이는 예수님의 명령이기에 초대교회 그리스도인들은 위험을 피해 카타콤 속에서도 시행했다. 성찬식은 기독교의 가장 거룩한 예식이다. 성찬식은 기독교가 역사의 기초 위에 있음을 증거하며 기독교 신앙은 확실한 경험으로서 끝까지 기억해야 할 소중한 것임을 말씀하고 있다. 이뿐 아니라 성찬식은 믿음의 고백이 담겨 있는 예식이다.

유대인들은 매년 유월절 행사를 지키므로 하나님께서 이스라엘을 애굽에서 구원하신 축복을 기념했다. 이스라엘은 애굽에서 400여 년이 넘도록 종살이를 했다. 하나님은 자기 백성을 해방시키기 위하여 모세를 애굽에 보내셨다. 하나님 뜻에 완강히 반대하는 바로에게 열 가지 재앙을 내리셨다. 열 번째의 재앙은 애굽 땅에 장자와 짐승의 첫 새끼를 다 죽이는 재앙이었다. 고센 땅에 살던 이스라엘에게는 이 재앙을 피할 수 있는 말씀을 주셨는데 짐승을 잡아 그 피를 문설주에 바르고 안에서 나오지 않도록 하신 것이다. 죽음의 사자가 피를 보고 그 집은 넘어가게 하셨고 유월절이 만들어졌다. 하나님은 이스라엘 백성들에게 이날을 지키도록 해서 하나님의 구원을 기념하게 했던 것이다. 절기는 반복학습이며 기억을 위한 최선의 방법이다.

그리스도인들은 성찬식을 통하여 그리스도께서 유월절 어린 양으로 죽으심으로 믿는 자의 죄를 속량하시고 죽음과 사탄으로부터 구원을 받게 하심을 생각하고 기억하게 하신 것이다. 유월절 어린 양의 피와 무교절의 누룩 없는 떡이 바로 자기 자신임을 드러내시는 것이다. 세상 죄를 지고 가는 하나님의 어린 양이심을 기억하라는 것이다.

"이것은 너희를 위한 내 몸이니, 이 잔은 내 피로 세운 새 언약이니"라고 하셨다. 그러므로 떡을 뗄 때 그리스도의 몸에 참예하는 것이며 잔을 들 때 그의 피에 참예하게 된 것이다. 주님과 한 몸이 되었다는 것은 놀라운 축복이다.

> 내가 그리스도와 함께 십자가에 못 박혔나니 그런즉 이제는 내가 사는 것이 아니요 오직 내 안에 그리스도께서 사시는 것이라 이제 내가 육체 가운데 사는 것은 나를 사랑하사 나를 위하여 자기 자신을 버리신 하나님의 아들을 믿는 믿음 안에서 사는 것이라 (갈 2:20)

우리는 그리스도와 하나가 되었다. 그래서 주는 우리의 머리요 우리는 그의 지체라고 하신 것이다. 그리스도 안에서 구속받은 영혼들이 한 지체라면 또한 형제와 형제가 하나임을 기억해야 한다.

> 우리가 축복하는 바 축복의 잔은 그리스도의 피에 참여함이 아니며 우리가 떼는 떡은 그리스도의 몸에 참여함이 아니냐 떡이 하나요 많은 우리가 한 몸이니 이는 우리가 다 한 떡에 참여함이라 (고전 10:16-17)

바울은 고린도교회에 편지할 때 성찬식은 그리스도와 하나된 것과 그리스도 안에서 우리 많은 이들이 한 몸이 되어 교제하게 하신 사실을 기억하라고 권하였다.

그러므로 누구든지 주의 떡이나 잔을 합당하지 않게 먹고 마시는 자는 주의 몸과 피에 대하여 죄를 짓는 것이니라 사람이 자기를 살피고 그 후에야 이 떡을 먹고 이 잔을 마실지니 주의 몸을 분별하지 못하고 먹고 마시는 자는 자기의 죄를 먹고 마시는 것이니라 (고전 11:27-29)

성찬에 참예하는 사람은 자기를 살펴서 죄를 회개하고 주님과의 관계를 다시 한 번 점검해야 한다. 그렇지 않으면 성찬에 참예하는 이들은 그리스도의 몸에 다시 못을 박는 일이 된다. 이로 인해 초대 고린도교회의 성도들 중에 약한 자, 병든 자, 잠자는 자(죽은 자)가 적지 않음을 말씀하셨다.

성찬식은 주께서 다시 오신다는 사실을 기억하며 주의 죽으심과 부활을 증거하는 일이다.

너희가 이 떡을 먹으며 이 잔을 마실 때마다 주의 죽으심을 그가 오실 때까지 전하는 것이니라 (고전 11:26)

그리스도인의 지상 명령은 주께서 오시는 날까지 복음을 증거하는 일이다. 그리스도의 죽으심과 부활이 증거되는 곳마다 죽은 영혼이 살아나고 죄가 사함을 받고 영생을 얻게 된다. 영원한 하늘나라의 소망을 가지게 되는 것이다.

예수 그리스도의 삼중직

"너희는 나를 누구라 하느냐?"라는 예수님의 질문에 베드로는 "주는 그리스도시요 살아계신 하나님의 아들이시니이다"(마 16:16)라고 답하여 칭찬을 받았다. 그리스도라는 명칭 속에는 사역이 잘 나타나 있다. '그리스도'는 헬라어, '메시아'는 히브리어인데, 둘 다 '기름 부음을 받은 자'라는 뜻이다. 이것은 구약시대에 왕, 선지자, 제사장에게 해당하는 명칭이었다. 구약시대의 이 세 직분은 장차 오실 한 인물을 예표하는데 그는 참 왕, 참 선지자, 참 제사장으로 우리 주 예수 그리스도의 사역을 잘 나타낸다. 우리 주 예수 그리스도는 참 왕, 참 선지자, 참 제사장이시다.

그리스도의 삼중직

왕이신 예수님

예수 그리스도는 참된 왕이시다. 왕은 자기 백성을 다스리고 보호하는 자이다. 예수 그리스도는 하나님의 백성 곧 교회를 다스리시고 보호하신다. 그리스도께서는 우리를 자신에게 복종시키심으로 우리를 보호하시고, 우리의 모든 원수들을 제압, 정복하심으로써 왕의 직분을 수행하신다.

> 시온의 딸아 크게 기뻐할지어다 예루살렘의 딸아 즐거이 부를지어다 보라 네 왕이 네게 임하시나니 그는 공의로우시며 구원을 베푸시며 겸손하여서 나귀를 타시나니 나귀의 작은 것 곧 나귀 새끼니라 (슥 9:9)

예수님은 왕으로 오셨고 하나님의 백성을 다스리는 머리 곧 주가 되심을 증거한다.

> 영원히 야곱의 집을 왕으로 다스리실 것이며 그 나라가 무궁하리라 (눅 1:33)

> 예수께서 총독 앞에 섰으매 총독이 물어 이르되 네가 유대인의 왕이냐 예수께서 대답하시되 네 말이 옳도다 하시고 (마 27:11)

> 그 옷과 그 다리에 이름을 쓴 것이 있으니 만왕의 왕이요 만주의 주라 하였더라 (계 19:16)

예수 그리스도의 왕권은 교회 안에서 나타난다. 그는 교회의 머리로서 믿는 모든 자들의 심령과 삶을 주관하신다. 또한 우리의 주시요 왕이시다. 이것은 하나님의 은혜로 구원받은 모든 성도들에게 해당된다. 더 나아가 예수 그리스도의 왕권은 교회 안에 국한되지 않고 온 세계, 온 우주의 왕으로 오늘도 온 세계 안에서 참된 교회를 설립하시고 보호하신다.

예수 그리스도의 왕권은 현재 다 드러나 있지 않았다. 그것은 장차 그가 영광 가운데 재림하실 때 완전히 드러날 것이다. 그는 미래에 영광의 왕으로 나타나실 것이며 만왕의 왕으로 다스리실 것이다. 그의 은혜의 나라도 장차 영광의 나라로 드러날 것이다.

> 인자가 자기 영광으로 모든 천사와 함께 올 때에 자기 영광의 보좌에 앉으리니 (마 25:31)

> 일곱째 천사가 나팔을 불매 하늘에 큰 음성들이 나서 이르되 세상 나라가 우리 주와 그의 그리스도의 나라가 되어 그가 세세토록 왕 노릇 하시리로다 하니 (계 11:15)

> 빌라도가 패를 써서 십자가 위에 붙이니 나사렛 예수 유대인의 왕이라 기록되었더라 예수께서 못 박히신 곳이 성에서 가까운 고로 많은 유대인이 이 패를 읽는데 히브리와 로마와 헬라 말로 기록되었더라 (요 19:19-20)

예수께서 총독 앞에 섰으매 총독이 물어 이르되 네가 유대인의 왕이냐 예수께
서 대답하시되 네 말이 옳도다 하시고 (마 27:11)

십자가상의 죄패를 통해 예수님이 십자가형을 받으시는 이유가 드러난
다. 그분이 죽임을 당하신 이유는 '나사렛 예수 유대인의 왕'이시기 때문이
다. 예수님은 죽음 앞에서도 이 사실을 부인하지 않으셨고 '유대인의 왕'이
라는 자기의 신분과 소명을 죽기까지 복종하시면서 이루셨다.

이 죄패가 히브리, 로마, 헬라어 등 세 가지 대표 언어로 기록되었다는
것은 당시 모여든 사람 누구나 이 사실을 알게 되었음을 의미한다. 또한
주변 모든 지역에 이 사실이 알려지게 될 것임을 의미한다. 예수님이 '유대
인의 왕' 곧 메시아라는 사실이 그분의 죽음을 통해 주변 온 땅에 선포되었
다.

구약은 오실 메시아를 왕으로, 그가 다스릴 나라를 왕국으로 예언하였
다(삼하 7:16; 사 9:6). 예수님은 육신으로는 다윗의 후손으로 오셨기 때문에
스스로 왕이라는 강한 자의식을 가지고 계셨다. 왕으로써 자기 백성을 해
방시키고 다스리고, 보호하여 세상을 이기시기 위한 하나님의 왕국의 출
발을 선언하셨다(마 4:17, 23, 12:28). 오늘날 지상의 교회는 지상에 임한 하나
님의 나라로 주님이 보내신 성령님이 통치하신다. 마지막 때에는 예수님
의 지상 재림을 통해 하늘과 하늘 아래 모든 것이 그리스도 안에서 하나로
통일되어 주께서 영원한 왕으로서 통치하실 것이다(계 19:16; 엡 1:10).

선지자 예수님

예수 그리스도는 참된 선지자이시다. 선지자는 하나님의 대변자로서 하나님의 뜻, 특히 우리의 구원을 위한 그분의 뜻을 하나님의 백성에게 전달하는 자이다. 예수 그리스도는 세상에 계실 때 친히 하나님의 뜻을 우리에게 다 가르치셨고 지금도 하나님 우편에서 그 일을 계속하고 계신다. 그리스도께서는 그의 말씀과 성령님으로 우리의 구원을 위한 하나님의 뜻을 우리에게 계시하심으로써 선지자의 직분을 수행하신다.

만왕의 왕이신 주님의 눈물

가까이 오사 성을 보시고 우시며 이르시되 너도 오늘 평화에 관한 일을 알았더라면 좋을 뻔하였거니와 지금 네 눈에 숨겨졌도다 날이 이를지라 네 원수들이 토둔을 쌓고 너를 둘러 사면으로 가두고 또 너와 및 그 가운데 있는 네 자식들을 땅에 메어치며 돌 하나도 돌 위에 남기지 아니하리니 이는 네가 보살핌 받는 날을 알지 못함을 인함이니라 하시니라 (눅 19:41-44)

왜 예수님은 예루살렘 성을 바라보시며 그렇게 소리 내어 우셨을까? 그 까닭은 A.D. 70년에 있을 로마 장군 디도(Titus)의 예루살렘 함락 사건을 예견하셨기 때문이며 앞으로 있을 예루살렘의 역사적 수난 때문이었다. 과

연 유대민족은 주님께서 소리 내어 울면서 예언하신 것처럼 예수님께서 십자가에 못 박히신 지 40년 후인 A.D. 70년에 예루살렘 성과 함께 멸망당했다.

당시 로마 장군 디도는 4개 군단 약 8만 명의 군대를 이끌고 선민의식으로 로마의 통치에 항거하는 유대인들을 섬멸시키기 위해 예루살렘을 침공하여 예루살렘을 토성으로 완전히 가두었다. 이 토성은 3일 만에 급조하였기 때문에 때마침 유월절로 모인 약 270만 유대인들은 성 안에 갇혀 많은 사람들이 기근으로 죽었다. 그리고 살아남은 자들은 성이 함락당할 때 110만 명이나 불과 칼에 죽임을 당했고 약 9만 7천 명이 노예로 팔려갔다. 또한 디도 장군은 성전과 성곽을 위시하여 전 도시를 완전히 파괴할 것을 명했다. 그리하여 주님의 예언처럼 돌 하나도 돌 위에 놓이지 아니하고 완전히 무너졌다.

오늘날 예루살렘에서 유대인들이 찾아가 기도를 드리는 이른바 '통곡의 벽'은 당시 로마 군인들이 기념으로 남겨 둔 예루살렘 성의 서쪽 벽의 일부이다. 유대인들은 이 사건을 기하여 세계 전역으로 흩어졌으며, 그들은 수세기 동안 집 잃은 나그네가 되었다. 예수님은 자기 백성이 머지않아 이렇게 무서운 재난을 겪게 될 것을 아셨고 예루살렘 성을 바라보며 소리 내어 우셨다. 이것은 자기 백성을 향한 연민과 사랑의 증표였다. 항상 진실한 사랑은 눈물을 수반한다.

만민이 기도하는 집

성전에 들어가사 장사하는 자들을 내쫓으시며 그들에게 이르시되 기록된 바 내
집은 기도하는 집이 되리라 하였거늘 너희는 강도의 소굴을 만들었도다 하시니
라 (눅 19:45-46)

성전 뒷뜰에서 온통 판치고 있는 더럽고 부정한 무질서와 성전 안의 타
락한 상태에 대해 의분을 일으키셨다. 예수님의 분노는 절정에 달하셨다.
성전에서 장사꾼들을 쫓아내시며 "성경에 내 집은 기도하는 집"이라고 불
리리라고 했는데 너희는 '강도의 소굴'로 만들었다고 분노하셨다.

내가 곧 그들을 나의 성산으로 인도하여 기도하는 내 집에서 그들을 기쁘게 할
것이며 그들의 번제와 희생을 나의 제단에서 기꺼이 받게 되리니 이는 내 집은
만민이 기도하는 집이라 일컬음이 될 것임이라 (사 56:7)

내 이름으로 일컬음을 받는 이 집이 너희 눈에는 도둑의 소굴로 보이느냐 보라
나 곧 내가 그것을 보았노라 여호와의 말씀이니라 (렘 7:11)

이사야는 하나님께서 성전을 이전의 영광으로 회복하실 뿐만 아니라
온 세상이 한 마음으로 진실하고 정성스러운 예배를 드리게 될 것이라는
점을 선언하고 있다.

예레미야는 하나님 나라에 대한 영구적인 표징이 성전이요 죄와 사탄의 나라에 대항하여 세워진 이 집이 너희 눈에는 도둑의 소굴로 보이느냐고 경고하였다.

천년왕국에 성전이 있다면 그곳은 만민이 기도하는 집이 될 것이라는 것을 알 수 있다.

제사장 예수님

예수 그리스도는 참된 제사장이시다. 제사장은 하나님 백성의 대표자로서 그 백성을 대신하여 하나님께 제사와 기도를 드리는 자이다. 예수 그리스도는 세상에 오셔서 친히 우리의 죄를 위하여 십자가에 죽으심으로한 영원한 제사를 드리셨고 지금도 하나님 오른편에서 우리를 위해 기도하신다. 그리스도께서는 하나님의 의를 만족시키시고 우리를 하나님과 화목시키기 위하여 자신을 단번에 제물로 드리심으로써(요일 2:2; 히 10:12, 14) 그리고 우리를 위해 계속 중보사역을 하심으로써(롬 8:34; 요일 2:1) 제사장의 직분을 수행하신다.

대제사장의 기도

요한복음 17장은 하나님과 인간 사이에서 완전하고 영원한 대제사장이신 예수님이 하나님 앞에 기도를 드리신 내용이다. 예수님은 제자들과의 마지막 시간을 기도로 끝내시며 우리에게 기도의 모델을 가르쳐 주신다. 이 기도가 우리의 기도가 되고 생활의 지표가 되어야 한다. 오늘날 반기독교 세력이 득세하고 교회가 사회의 지탄의 대상이 되고 있는 이때에 대제사장의 기도는 이 시대를 위한 기도요, 기도 차원을 넘어서 교회를 향하신 주님의 명령이기도 하다.

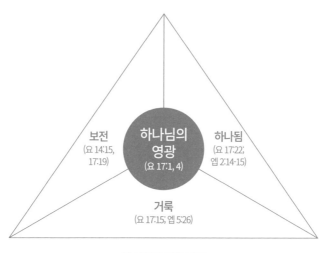

이 시대를 위한 기도

1. 아버지를 영화롭게 하게 하소서

예수께서 이 말씀을 하시고 눈을 들어 하늘을 우러러 이르시되 아버지여 때가
이르렀사오니 아들을 영화롭게 하사 아들로 아버지를 영화롭게 하옵소서
(요 17:1)

예수님은 자신의 죽음을 통하여 하나님만이 홀로 영광을 받으시기를
기도하신다.

내 이름으로 불려지는 모든 자 곧 내가 내 영광을 위하여 창조한 자를 오게 하
라 그를 내가 지었고 그를 내가 만들었느니라 (사 43:7)

하나님께서 우리를 만드신 목적은 오직 하나님의 영광을 위한 것이다.
우리를 부르신 목적 또한 하나님의 영광을 위하여, 우리를 구원하신 목적
도 하나님의 영광을 위한 것이다.

그런즉 너희가 먹든지 마시든지 무엇을 하든지 다 하나님의 영광을 위하여 하
라 (고전 10:31)

아버지께서 내게 하라고 주신 일을 내가 이루어 아버지를 이 세상에서 영화롭
게 하였사오니 (요 17:4)

아버지께서 명하신 일은 천국 복음을 전하는 것과 마침내 십자가 위에서 대속의 죽음을 감당하는 것이다. 예수님은 아버지께서 명하신 일을 이루셨다. 이제 수많은 죄인들이 주 예수 그리스도를 믿어 구원을 받음으로 하나님께 영광을 돌리게 되었다.

> 내가 이방인인 너희에게 말하노라 내가 이방인의 사도인 만큼 내 직분을 영광스럽게 여기노니 (롬 11:13)

바울은 이방인에게 복음을 전하는 사도가 된 것을 영광스럽게 여겼다. 성도와 교회는 복음전하는 일을 감사함으로 잘 감당하여 아버지를 영화롭게 해야 한다.

2. 주의 백성을 보전하소서

> 내가 비옵는 것은 그들을 세상에서 데려가시기를 위함이 아니요 다만 악에 빠지지 않게 보전하시기를 위함이니이다 (요 17:15)

예수님은 제자들이 세상에 있으면서 악에 빠지지 않도록 기도하신다. 그러므로 환난은 피할 것이 아니라 싸워 이겨야 함으로 힘을 달라고 기도해야 한다.

이는 곧 물로 씻어 말씀으로 깨끗하게 하사 거룩하게 하시고 (엡 5:26)

말씀이 우리를 깨끗하게 하신다. 말씀을 읽고 묵상하고 순종할수록 우리 마음이 깨끗해지고 더러운 것들이 틈타지 못한다. 거룩한 성령님이 함께하시면 마귀가 틈타지 못한다. 우리의 연약함을 아시고 예수님은 승천하시기 전에 예수님과 똑같은 보혜사 성령님을 보내시겠다고 약속하셨다. 이제 우리는 성령님과 동행하는 삶을 살아야 한다. 성령님이 평생 나와 함께하시기를 구해야 한다. 모든 악한 세력에서 구원하여 주시고 보호하여 주시기를 구해야 한다. 믿음으로 승리하며 살도록 기도하고 하나님 은혜 가운데 보호하여 달라고 간절히 기도해야 한다.

3. 진리로 거룩하게 하소서

또 그들을 위하여 내가 나를 거룩하게 하오니 이는 그들도 진리로 거룩함을 얻게 하려 함이니이다 (요 17:19)

거룩이란 '구별'을 뜻하는 것으로 성별됨을 의미한다. 바꾸어 말하면 하나님 편으로 구별되기를 원하시는 기도이다. 중요한 것은 말씀을 읽고 들은 다음에 세상에 나가서 그렇게 살아야 함을 말씀하신다.

너희가 나를 사랑하면 나의 계명을 지키리라 (요 14:15)

말씀의 은혜를 받았으면 그 말씀의 은혜가 생활 속에 나타나야 한다. 작은 예수로 살아야 한다. 생각하는 것이나 듣는 것이나 말하는 것이나 행동하는 것이 세상과 구별됨으로 거룩하시고 사랑이 충만하신 예수님을 닮아가야 한다. 죄악 된 세상을 도피하라는 것이 아니다. 세상과 구별됨으로 세속의 파도에 떠밀려 지옥으로 빨려 들어가고 있는 불쌍한 자들을 건져 내라는 것이다.

4. 하나 되게 하소서

내게 주신 영광을 내가 그들에게 주었사오니 이는 우리가 하나가 된 것 같이 그들도 하나가 되게 하려 함이니이다 (요 17:22)

주님께서 저들의 연약함이 무엇인지를 아셨다. 무엇보다 중요한 것이 하나 되는 것이다. 분쟁이란 교회가 교회되지 못할 때에 일어나는 하나의 부산물이다. 교회가 거룩하지 못함으로 주어지는 하나님의 심판이다. 마귀는 어떤 방법으로든 사이를 갈라놓고 분열시켜 서로 다투게 만든다. 교회와 가정을 분열시키고, 사랑하는 사람들의 사이를 갈라놓고 다투게 하고, 그래서 마음에 깊은 상처를 남기게 만드는 것이다. 하나 됨의 역사는 성령님의 역사요, 분열과 다툼은 마귀의 역사이다.

그러므로 주 안에서 갇힌 내가 너희를 권하노니 너희가 부르심을 받은 일에 합당하게 행하여 모든 겸손과 온유로 하고 오래 참음으로 사랑 가운데서 서로 용납하고 평안의 매는 줄로 성령이 하나 되게 하신 것을 힘써 지키라 (엡 4:1-3)

그러기 위해서는 우리 모두가 예수님의 마음을 가지고 겸손과 온유의 옷을 입어야 한다. 형제를 나보다 낫게 여기고 무시하거나 업신여기지 말아야 한다. 다 같은 하나님의 자녀로 서로 사랑하고 서로 용납하고 성령님의 하나 되게 하심을 힘써 지켜 평안함을 누려야 한다. 교회가 하나가 되어 세상을 깨우고 살려야 한다.

그는 우리의 화평이신지라 둘로 하나를 만드사 원수 된 것 곧 중간에 막힌 담을 자기 육체로 허시고 법조문으로 된 계명의 율법을 폐하셨으니 이는 이 둘로 자기 안에서 한 새 사람을 지어 화평하게 하시고 (엡 2:14-15)

궁극적으로 교회가 성령님 안에서 하나가 되고 유대인과 이방인이 그리스도 안에서 하나 되어 한 새 사람을 이루도록 기도하라는 것이다.

기도의 땀과 눈물과 피

이르시되 아버지여 만일 아버지의 뜻이거든 이 잔을 내게서 옮기시옵소서 그러나 내 원대로 마시옵고 아버지의 원대로 되기를 원하나이다 하시니 천사가 하

늘로부터 예수께 나타나 힘을 더하더라 예수께서 힘쓰고 애써 더욱 간절히 기
도하시니 땀이 땅에 떨어지는 핏방울 같이 되더라 (눅 22:42-44)

감람산 서쪽 기드론 골짜기 경사진 곳에 겟세마네라고 부르는 동산이
있다. '기름 짜는 틀'이라는 뜻을 가진 것은 이 동산에서 감람기름을 짜기
때문이라고 하지만 예수님이 이곳에서 몸의 진액을 짜시면서 기도하시므
로 그 이름은 모든 신자들에게 새로운 의미를 부여한다. 예수님이 몹시 고
민하시며 더욱 간절히 기도하시니 땀이 핏방울 같이 되어 땅에 떨어졌다.
예수님은 간절히 기도하신다. 그 기도의 내용은 "나의 뜻이 아니라 하나님
의 뜻이 이루어지는 것"이다. 이것이야말로 모든 기도 중의 모범적인 기도
이며, 기독교 기도의 핵심이다. 기도란 하나님의 마음을 움직이는 것이 아
니라 자신의 마음을 바꾸는 것이다.

그는 육체에 계실 때에 자기를 죽음에서 능히 구원하실 이에게 심한 통곡과 눈
물로 간구와 소원을 올렸고 그의 경건하심으로 말미암아 들으심을 얻었느니라
그가 아들이시면서도 받으신 고난으로 순종함을 배워서 온전하게 되셨은즉 자
기에게 순종하는 모든 자에게 영원한 구원의 근원이 되시고 (히 5:7-9)

십자가 죽음의 잔은 고난의 종으로 오신 예수님이 반드시 마시고 받아
야만 하는 아버지께서 주신 잔이다(요 18:11). 그래야만 하나님의 뜻이 이루
어진다. 예수님은 겟세마네 동산의 기도에서 자신의 뜻보다는 하나님의

뜻을 받들도록 결단하였다. 이것이 기도의 응답이었고, 그것은 승리의 기도였다. 이러한 기도가 가장 우선되어야 할 하나님의 일이다. 자신과 민족의 고난 앞에서 하나님은 오늘 우리에게도 기도의 땀과 눈물과 피를 원하신다. 기도의 땀과 눈물과 피가 없이는 하나님의 나라를 위한 위대한 일이 이루어질 수 없음을 주님께서 친히 보여 주셨다.

나무에 달리신 예수님

그리스도께서 우리를 위하여 저주를 받은 바 되사 율법의 저주에서 우리를 속량하셨으니 기록된 바 나무에 달린 자마다 저주 아래에 있는 자라 하였음이라 (갈 3:13)

예수님은 아담이 금지된 나무의 열매를 먹은 불순종으로 범죄하고 그 결과 죽음과 저주가 임한 바로 그곳에서 나무에 달리심으로 우리 죄와 저주를 담당하셨다. 십자가의 죽으심은 그 모든 과정을 포함하는 수많은 예언의 말씀의 성취였다. 그리고 직접 죽으실 장소가 예루살렘임을 말씀하셨다.

그러나 오늘과 내일과 모레는 내가 갈 길을 가야 하리니 선지자가 예루살렘 밖에서는 죽는 법이 없느니라 (눅 13:33)

성경은 이미 메시아가 나무 위에서 당할 구체적인 고난의 모습을 약 천 년 전부터 5백 년 전에 세밀하게 기록해 놓고 있다. 모든 것이 말씀의 성취인 것이다.

- 그가 고통 중에 있을 때 쓸개즙과 식초가 주어질 것이다(시 69:21; 마 27:34).
- 그의 뼈는 부러지지 않을 것이다(시 34:20; 요 19:33).
- 사람들은 그의 옷을 나누려고 제비를 뽑을 것이다(시 22:18; 마 27:35).
- 그는 침 뱉음을 당하고 사람들에게 맞을 것이다(사 50:6; 막 15:19).
- 악한 무리가 그의 수족을 찌를 것이다(시 22:16; 요 19:18).
- 그는 멸시와 조롱을 당할 것이다(시 22:7-8; 마 27:39).
- 그는 죽음의 고통 가운데서 어떤 말들을 할 것이다(시 22:1; 마 27:46).
- 그가 범죄자를 위하여 기도할 것이다(사 53:12; 눅 23:34).
- 그들이 찌른 자를 볼 것이다(슥 12:10;요 19:34).

로마가 고안한 십자가형은 지금까지 고안한 처형 법 중 가장 잔인한 방법일 것이다. 로마 정부가 반역, 해적질, 살인, 강도 짓 등 흉악한 죄를 지은 자를 처벌하기 위해 사용하던 방법이었다. 죄수가 혹독한 고통 가운데 서서히 죽게 하는 처형 법이다. 십자가에 달리면 그 어느 누구도 살아남지 못하도록 가장 오랜 고통을 주는 형이다. 너무도 비인간적이기 때문에 로마 시민들은 이 처형에서 면제되었다. 특히 로마에 저항하려는 사람들의 의지를 확실하게 꺾어 놓았다. 사람들이 많이 다니는 도로변에 십자가에 달려죽은 시체를 줄지어 매달아 놓았다. 그래서 사람들에게 반란의 결과가 얼마나 무서운지를 느끼게 만들었다.

먼저 처형할 사람의 허리까지 옷을 벗기고 채찍질을 시작한다. 평범한 채찍을 휘두르는 것이 아니라 채찍 끝에는 갈라진 뼈 조각이나 거친 쇠붙이를 매달아 놓았다. 그 채찍에 맞는 희생자의 등은 갈기갈기 찢겨 나간다.

희생자들에게 각각 자기들의 무거운 십자가를 처형 장소까지 운반하도록 하여 기진맥진하게 만든다.

처형 장소에 도달하면 죄수의 옷을 벗긴다. 공개 처형은 육체적인 고통에 공개적인 망신이 더해지는 것으로 더욱 비하시키고 그 형벌의 고통을 가중시킨다.

보통 죄수의 손목에 못을 박는다. 만약 손바닥에 못질을 한다면 십자가 위의 죄수는 아래로 쏠리는 죄수의 몸무게를 견디지 못하여 떨어지게 될 것이다. 받침대가 있어서 죄수의 몸이 아래로 쏠리지 않도록 막고 죄수가 너무 일찍 죽어 버리지 않도록 지연시키는 역할을 한다. 결국 십자가에 달린 희생자들은 숨 쉬는 것조차 고통스럽고 마침내 숨 쉬는 고통을 견디지 못하여 정신을 잃고 숨을 거두고 만다. 이 잔인한 십자가에 우리 주님은 달리셨다.

그리스도를 안다는 것은 그리스도의 십자가를 안다는 것이다. 그리스도의 십자가를 통해 하나님의 사랑의 깊이, 높이, 길이, 넓이를 알게 된다. 머리에 가시면류관을 쓰시고 못 박힌 손과 발은 물론 머리에서도 쉴 새 없이 피가 흘러내렸다. 팔레스타인의 작열하는 태양 아래서 몸에 남아 있는 피와 수분이 모두 빠져 나가는 것을 경험하며 서서히 죽어가고 계셨다.

아담이 범죄함으로 온 피조물에게 저주가 임하였던 바로 그 장소에서 반전의 역사가 이루어진다. 나무 위의 실과로 범죄한 그 장소에서 나무에 달려 한 방울 피도 남김없이 다 쏟아 부으시는 가운데 대속의 대 역사를 이루신다. 구원사의 정점인 고통의 십자가 위에서 마지막 하신 말씀들은 복음의 진수요 진리의 핵심이요 사랑의 절정이다. 이 말씀들을 듣고 기억하고 순종하는 자마다 놀라운 삶을 살게 될 것이다.

주께서 보여 주신 삶

"다 이루었다." 선언하시기 전에 나무 위에서 우리가 반드시 살아야 할 삶의 모습을 가르쳐 주셨다. 얼마나 중요하셨으면 피 흘리는 처절한 고통 중에 우리에게 보여 주셨을까? 주님의 제자는 반드시 그러한 삶을 살아 내야 한다. 그것은 성령님의 도우심 속에 용서의 삶, 구원의 삶, 사랑의 삶, 동행의 삶, 풍성한 삶을 사는 것이다.

1. 용서의 삶

제1언 : "아버지여 저희를 사하여 주옵소서!"(눅 23:34).

예수님은 십자가상에서 첫마디로 하나님을 아버지라고 부르셨다. 마지막 말씀도 아버지를 부르며 영혼을 부탁하셨다. 그리스도인의 일생은 하나님 아버지를 만남으로 시작되고 아버지를 부르다가 아버지께로 가는 것이다. 예수님은 우리에게 하나님을 아버지라고 부르도록 주기도문을 비롯하여 여러 곳에서 가르쳐 주셨다. 믿음으로 마귀의 자녀가 하나님의 자녀가 된 것은 놀라운 축복이다(요 1:12). 하나님을 아버지라 부르는 것은 사랑의 인격적 관계를 말하는 것이다. 하나님을 나의 아버지로 모시고 의지할 때 내 모든 문제는 그 안에서 해결된다.

죄는 거룩한 하나님으로부터 우리를 분리시킨다. 그리고 우리 죄가 용서받지 않는 한 그 분리는 영원히 계속될 것이다. 우리의 죄를 속죄할 수 있는 길은 우리가 무엇을 하거나 값을 치러서 되는 것은 아니다. 모든 죄는 예수 그리스도 안에서 그 피로 사해졌다. 예수님은 우리의 죄를 사해 주시기 위해 오셨다. 이를 위해 기도하시고 피를 흘리셨다. 예수 그리스도의 십자가의 보혈은 죄 사함의 능력이요 용서의 기초이다(요일 1:7). 믿음으로 용서받고 용서를 누리고 용서하는 삶을 살아야 십자가를 헛되게 하지 않는 삶이다.

이제 우리는 용서받았으므로 자신을 용서해야 한다. 그리고 자신을 사랑해야 한다. 예수님은 우리의 죄를 단번에 용서하시므로 우리가 하나님과 바른 관계 속에서 평안하게 살기를 원하신다. 예수 그리스도의 복음은 우리를 영원히 사랑하시고, 영원히 돌보시고, 영원히 용서해 주신다는 소식이다(요 13:10; 요일 1:9).

예수님은 우리가 용서의 삶을 살도록 십자가에 못 박은 원수들까지도 그 앞에서 용서하시는 본을 보여 주셨다. 우리에게도 용서하라고 친히 말씀하신다. 주기도문을 통해 용서를 해주고 용서 받으라고 말씀하신다. 또한 골로새서 3장 13절에서도 "주께서 너희를 용서하신 것같이 너희도 서로 용서하라"고 말씀하신다.

예수 그리스도의 피를 헛되게 하는 자가 되지 말라. 믿음으로 용서를 경험하라. 자신을 용서하고 이웃을 용서하라. 용서하지 못하면 용서하지 못하는 내가 불행하고 자유롭지 못하기 때문이다. 용서가 주는 기쁨, 평화, 만족을 경험하는 용서의 삶을 살라는 것이다.

2. 구원의 삶
제2언 : "내가 진실로 네게 이르노니 오늘 네가 나와 함께 낙원에 있으리라"(눅 23:43)

함께 십자가에 달린 두 강도는 행악자들로 예수님을 조롱하고 모욕한다. 그러나 잠시 후 상황이 바뀌었다. 한 강도는 비난과 욕을 계속하였다. 그러나 다른 한 강도는 옆의 강도를 꾸짖으며 "네가 동일한 정죄를 받고서도 하나님을 두려워하지 아니하느냐 우리는 우리가 행한 일에 상당한 보응을 받는 것이니 이에 당연하거니와 이 사람이 행한 것은 옳지 않은 것이 없느니라"(눅 23:40-41)라고 하셨다.

　　예수여 당신의 나라에 임하실 때에 나를 기억하소서 (눅 23:42)

　한 강도는 죽음 직전에 자신이 죄인임을 발견하고 회개하며 자신을 주님께 부탁함으로 구원을 극적으로 받는다. 자신에게 주어진 마지막 기회를 붙들었다.

　예수님은 죽어 가시면서 최후까지 한 영혼을 구원코자 하셔서 "오늘 네가 나와 함께 낙원에 있으리라"고 말씀하신다.

　　인자가 온 것은 잃어버린 자를 찾아 구원하려 함이니라 (눅 19:10)

　예수님은 마지막 순간까지도 잃어버린 자를 찾는 구원의 삶을 사셨다. 천하보다도 소중한 생명을 구하는 일보다 더 중요한 일은 없기 때문이다. 이 일을 위해 죽으시고, 부활하시고, 승천하셔서 성령님을 보내셨다. 천하보다 귀중한 한 생명을 구원하시려고 교회를 주셨다. 교회를 중심으로 생명을 구원하는 삶이야말로 가장 값진 삶이다. 가장 위대한 일이요, 영원히 남는 일이요, 상 받는 길이다(빌 4:1).

　우리도 호흡이 닫히는 그 시간까지 주님처럼 구원의 삶을 살아야 할 것이다.

3. 사랑의 삶

제3언 : "여자여 보소서 아들이니이다!"(요 19:26-27)

예수님은 울고 있는 어머니를 바라보면서 "여자여 보소서 아들이니이다" 하시고 요한에게 "보라 네 어머니라"고 하시면서 어머니 마리아를 사랑하는 제자에게 부탁하신다. 마리아는 예수님 때문에 고난을 겪은 여인이다. 이제 예수님을 먼저 보내는 어머니의 마음속에는 큰 슬픔이 밀려왔을 것이다. 예수님은 바로 그 어머니를 요한에게 부탁하고 있다. 예수님은 친히 효도의 계명을 지키셨던 것이다. 십자가상에서 처절한 고통 중에도 어머니를 생각하셨던 것이다(요 19:26-27).

말세의 현상 중 하나가 자기를 사랑하고 돈을 사랑하며 부모를 거역하는 것이다(딤후 3:1-2). 이러한 세대를 살아가는 우리에게 혈연관계를 넘어 이웃 사랑 실천의 모습을 보여 준다. 육신의 인정에서 아가페 사랑으로 승화되어진다. 요한은 그때부터 예수님의 어머니 마리아를 자기 집에 모신다.

요한은 주님의 무조건적인 사랑을 먼저 한없이 받았기 때문에 사랑의 사도가 될 수 있었다. 요한은 장수의 복을 누리면서 늘 사랑의 설교를 했다.

사랑하는 자들아 우리가 서로 사랑하자 사랑은 하나님께 속한 것이니 사랑하는 자마다 하나님으로부터 나서 하나님을 알고 (요일 4:7)

요한 사도가 사랑의 실천이 가능했던 것은 주님의 사랑을 많이 받았기 때문이었다. 그리스도인들은 주님의 사랑을 풍성히 경험하고 이웃의 천사들이 되는 사랑의 삶을 살아야 한다. 사랑을 많이 받은 자는 많이 사랑한다. 주님을 사랑하기에 주님이 사랑하는 사람들을 사랑하고자 하는 마음이 생긴다.

누구든지 하나님을 사랑하노라 하고 그 형제를 미워하면 이는 거짓말하는 자니 보는 바 그 형제를 사랑하지 아니하는 자는 보지 못하는 바 하나님을 사랑할 수 없느니라 (요일 4:20)

누구든지 자기 친족 특히 자기 가족을 돌보지 아니하면 믿음을 배반한 자요 불신자보다 더 악한 자니라 (딤전 5:8)

사랑할 수 있는 기회가 있을 때 이웃을 사랑하라. 부모님을 공경함으로 사랑하라. 기독교는 효도의 종교다. 십계명 중에 인간에 대하여 주신 첫 계명이 효도다(출 20:12). 효도하는 자에게 장수의 축복을 주셨다(신 5:16).

너는 네 하나님 여호와께서 명령한 대로 네 부모를 공경하라 그리하면 네 하나님 여호와가 네게 준 땅에서 네 생명이 길고 복을 누리리라 (신 5:16)

성도는 주 안에서 나의 부모요 나의 형제여 나의 자매이다(막 3:31). 예수님은 고통 중에서도 어머니를 생각하고 가장 신뢰하고 사랑하는 제자에게 부탁하셨다. 우리도 친족을 돌아보고 이웃을 섬김으로 사랑하는 사랑의 삶을 살아야 할 것이다.

4. 동행의 삶

제4언 : "엘리 엘리 라마 사박다니!"(마 27:46)

"나의 하나님 나의 하나님 어찌하여 나를 버리셨나이까?" 이것은 말할 수 없는 고뇌와 고독 속에서 비롯된 절규였다. 살면서 좀처럼 익숙하지 않은 것이 고독이다. 수많은 사람들 속에서도 고독은 찾아온다. 가족들과 함께 한 지붕 밑에 있어도 고독을 느낄 때가 있다. 고독은 사람이 많다고 해결될 수 있는 것이 아니다. 심지어 사랑을 언약한 배우자가 옆에 누워있어도 그 밤에 고독할 수 있는 것이 바로 우리의 모습이다.

그러나 인간이 아무리 고독하다고 해도 감히 주님과 비교할 수 있을까? 하나님으로 인간의 육신을 입고 이 땅에 오셔서 십자가 위에서 "나의 하나님 나의 하나님 어찌하여 나를 버리셨나이까?" 부르짖으신 예수님은 하나님으로부터 버리심을 당하셨다. 이 버림 받으신 고독은 우리를 위한 대속의 고독이었다.

인생의 화려한 삶이 지나가고 현실이 초라하고 실패가 많아질 때 인생은 참 고독해진다. 또한 사랑하는 이들이 우리 곁을 하나둘씩 떠나갈 때 그때 겪는 고독도 피할 수 없다. 병들었을 때 고독하다. 이것만은 누구도 대신해 줄 수 없다. 그 아픔이라는 것은 내 몸의 세포들이 다 무너지는 것 같은 아픔이다. 그것을 쳐다보는 사람들이 세포 하나라도 도와줄 수 없는 고독한 순간이 있다. 병들어서 내 존재가 점점 소멸되어 가는 것 같은 꺼져가는 불꽃같은 내 모습을 바라보는 고독이 있다. 그 누구도 대신해 달라고 부탁할 수 없는 그런 종류의 고독이다.

주님은 정죄당하는 아픔과 고독을 겪으셨다. 바리새인들은 침을 뱉고 손가락질하고 사두개인들은 돌을 던진다. 어느 순간 주님을 따르던 많은 무리들의 환호소리는 사라졌다. 제사장도, 레위인도 지금 예수님을 향하여 내뱉는 말과 내미는 손가락은 정죄의 손가락이다.

가정에서도 정죄 당할 때 고독하다. 무능한 남편으로 아내에게 꼬집힘 당하는 남편들의 고독이 있다. 가장으로서 가정을 책임져야 하는 존재로 집에 들어와 시시콜콜 말할 수 없는 경우가 많다. 말할 수 없는 아픔과 억울함과 불안과 염려를 혼자서 삭여야 하는 남편들의 고독이 있다.

따뜻한 남편의 사랑을 받으며 살아야 하는 아내임에도 불구하고 인격적인 대접을 받지 못하고 마치 굴러다니는 돌처럼 험한 말을 들으며 푸대접 받고 사는 많은 여인들의 고독이 있다. 서로 고독 때문에 힘들어하면서도 오히려 위로하지 못하고 사랑하는 이들에게 더 큰 고독을 거꾸로 안겨주는 아픔과 후회가 있다.

주님은 우릴 위해 십자가를 져야하고 버림받아야 하는 고독이 있었다. 그 누구도 대신해줄 수 없는 대속의 고난이요 고독이었다. "그가 찔림은 우리의 허물 때문이요 그가 상함은 우리의 죄악 때문이라"(사 53:5)라는 말씀의 성취를 위하여 주님이 가야만 하셨던 고난과 고독의 길이었다.

그 고독 속에는 놀라운 하나님의 뜻이 있었다. 그 고독의 길은 인류를 구원하시는 대속의 길이요 생명을 살리는 길이었다. 고독을 싫어하거나 피하지 말고 오히려 고독을 승화시키는 믿음의 사람이 되라. 하나님이 함께하시면 견디기 힘든 고독이 창조적인 고독이 될 수 있다. 피조물은 창조주로 말미암아 고독을 이길 수 있다. 고독한 삶을 통해 인생의 거품을 걷어내고 창조주 하나님만 의지함으로 진정 하나님과 동행의 삶을 살라는 것이다.

5. 풍성한 삶

제5언 : "내가 목마르다!"(요 19:28)

주님이 십자가상에서 "내가 목마르다" 하심은 곧 목마른 인생을 부르시는 뜻도 있다. 인생은 어디서 무슨 물을 마셔도 그 심한 갈증을 해소할 길이 없으나 주님이 주시는 물은 영원한 갈증을 해소한다. "너희 모든 목마른 자들아 물로 나아오라 돈 없는 자도 오라 너희는 와서 사 먹되 돈 없이, 값 없이 와서 포도주와 젖을 사라"(사 55:1)

"예수께서 대답하여 이르시되 이 물을 마시는 자마다 다시 목마르려니와 내가 주는 물을 마시는 자는 영원히 목마르지 아니하리니 내가 주는 물은 그 속에서 영생하도록 솟아나는 샘물이 되리라"(요 4:13-14)고 말씀하셨다.

예수님이 목말라하신 것은 육체적 갈증으로 인한 고통의 호소였지만, 그것은 곧 우리의 영적 목마름을 해결해 주시기 위하여 대신 겪으신 고통이기도 하다. 이사야가 "그가 찔림은 우리의 허물 때문이요 그가 상함은 우리의 죄악 때문이라 그가 징계를 받으므로 우리는 평화를 누리고 그가 채찍에 맞으므로 우리는 나음을 받았도다"(사 53:5)라고 하셨을 때, 목마름의 고통도 그 안에 포함되어 있었다. 하나님은 우리에게 생수의 근원이시다(렘 2:13). 예수님이 목마름의 고통을 당하신 것은 우리를 그 생수의 근원으로 이끌어 주시기 위한 길을 여시는 것이었다.

예수님이 인간의 목마름을 해결하시려고 자기 피로 이 일을 감당하셨다. 십자가에 달려 마지막 피 한 방울, 물 한 방울도 남기지 않고 모두 쥐어짜셨다. 참 생명의 물줄기요 성령님의 원천을 열어 놓으신 것이다. 대신 자신이 "내가 목마르다" 외치셔야 했다. 예수님이 자기를 찾아오는 모든 사람에게 다시는 목마르지 않는 영원한 생명을 주시고 풍성한 삶의 생명수를 공급하신다.

오늘 목마른 그리스도인들이 많다. 교회는 출석하지만 신앙생활에 확신도 감격도 없고 실패만이 연속되는 무기력한 그리스도인도 예외는 아니다. 현재의 삶에 만족하지 못하고 기쁨도 없고 평안도 없는 목마른 그리스도인들이 많이 있다.

너희 성도들아 여호와를 경외하라 그를 경외하는 자에게는 <u>부족함이 없도다</u> 젊은 사자는 궁핍하여 주릴지라도 여호와를 찾는 자는 모든 좋은 것에 부족함이

없으리로다 (시 34:9-10)

십자가 위에서 "내가 목마르다" 외침은 단순히 목마름의 고통을 호소하는 절규가 아니다. 그것은 오히려 우리의 영적 목마름을 해결해 주시겠다는 복된 소식의 선언이며, 하나님께서 우리의 필요를 아시고 부족함이 없도록 채워 주시겠다는 약속이다. 예수님이 목말라하심으로 우리들은 영원히 목마르지 않는 생수의 근원으로 나아가는 구원을 얻었다. 그 구원을 통하여 우리는 또다시 목마름을 경험하지 않으면서 날마다 새로워지는 풍성한 삶을 살아갈 수 있게 되었다.

술 취하지 말라 이는 방탕한 것이니 오직 성령으로 충만함을 받으라 (엡 5:18)

참으로 성령님만이 오늘 우리들의 영적 목마름을 해결해 주실 수 있다. 회개하고 믿음으로 간절히 사모하고 구하는 자만이 성령님의 충만함을 경험할 수 있다. 세상엔 목마른 사람이 많다. 먼저 성령충만하여 목마름이 없는 풍성한 삶을 누리며 이웃들도 목마름을 해결하도록 주께로 이끌어 주는 풍성한 삶을 살아야 한다.

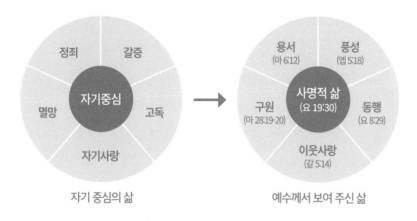

자기 중심의 삶   예수께서 보여 주신 삶

구속사의 분수령

아담이 범죄하여 인류에게 저주가 임한 이후 인류의 역사는 바로 이 때 이 장소 이 사건을 위하여 전개되어 왔다.

6. 사명의 삶

제6언 : "다 이루었다!"(요 19:30)

예수님은 십자가에 달리시기 전에 가죽 채찍으로 서른아홉 대의 매를 맞으셨다. 가죽 채찍 끝에는 다섯 갈래의 가지가 있고 그 가지마다 낚시와 같은 쇠고리가 달려 있었다. 가죽 채찍이 살에 닿을 때마다 살갗이 찢어지고 피가 터져 엉켜 붙었다. 또한 가시관을 쓰신 머리와 대못에 박힌 양손과 양발에서도 피가 흘러내렸다. 주님은 무지한 군병의 창에 옆구리를 찔리셔서 물과 피를 다 쏟으셨다. 주님의 옷은 군병들이 제비 뽑아서 나누어 가졌고, 벗긴 채로 주님은 십자가에 높이 매달려 계셨다. 이분이 바로 하나님의 아들이시다. 이분이 바로 우리의 죄를 담당하시고 우리의 죄를 사하시기 위해서 죄도 없으시면서 가장 죄 많은 자처럼 십자가에 높이 달리신 것이다. 그가 하실 일을 이제 다 이루신 것이다.

그러므로 삼위일체 하나님께서 만세 전부터 계획하신 인류 구속을 다 이루었다고 외치셨다. 하나님께서 우주 만물을 지으시고 사람을 창조하셨다(창 1장). 그리고 하나님은 "하나님이 지으신 그 모든 것을 보시니 보시기에 심히 좋았더라"(창 1:31) 그리고 "천지와 만물이 다 이루어지니라"(창 2:1)고 말씀하셨다. 그러나 사람이 범죄함으로 에덴에서 추방당하였을 때 즉각 하나님께서 회복을 위한 선언을 하셨다.

> 내가 너로 여자와 원수가 되게 하고 네 후손도 여자의 후손과 원수가 되게 하리니 여자의 후손은 네 머리를 상하게 할 것이요 너는 그의 발꿈치를 상하게 할 것이니라 (창 3:15)

하나님께서 주신 여자의 후손 언약을 다 이루셨다는 것이다. 이 언약 성취를 위해 하나님은 아브람을 주전 약 2천 년경에 부르시고 바로 이 장소를 보여주셨다. 모세를 통해 여러 차례 이 장소를 계시하셨고 주전 약 천 년경에 여호수아가 정복하지 못했던 이 땅을 다윗이 점령하고 다윗 성이라 부르게 하셨다. 그리고 때가 차매 하나님의 아들 메시아가 오셨다. 자신이 친히 말씀하신 대로 나무에 달려 피 흘려 죽으심으로 인간의 원죄를 대속하셨다. 이때로부터 인간의 저주와 멸망의 운명이 예수님의 십자가 승리로 말미암아 대역전을 이루며 하나님의 나라 회복 즉 에덴의 회복을 향하여 역사는 전진하게 되었다.

　주님은 십자가상에서 "다 이루었다"라는 말씀을 하심으로 대속 사역에 종지부를 찍으셨다. 마귀의 일을 멸하시기 위해 영원한 승리의 깃발을 갈보리 산 위에 꽂은 것이다. 더 이상 대속을 위해 할 일은 없다. 이제 남은 것은 믿음으로 개개인이 적용하므로 회복의 역사가 진행되는 것이다. 더 이상 사탄의 미혹에 속아 의심하거나 혼란에 빠지면 안 된다. 주님께서 다 이루셨다고 말씀하심으로 우리는 더 이상 보탤 것도 뺄 것도 없이 주님을 믿고 확신하게 된 것이다.

　성소의 휘장이 한가운데가 찢어지더라 (눅 23:45)

　예수 그리스도께서 십자가 위에서 단번에 드리는 영원한 제사가 하나님께 받아들여졌다는 것을 증거한다.

7. 맡기는 삶

제7언 : "내 영혼을 아버지 손에 부탁하나이다!"(눅 23:46)

예수님은 아버지란 말씀을 즐겨 사용하셨다. 산상설교 가운데서 17번, 유월절 다락방에서 45번(요 14, 16장), 요한복음 17장에서 6번이나 나온다. 그리고 예수님은 세상에서 마지막 말씀을 아버지로 끝맺으셨다. 아버지란 명칭은 용기를 북돋아 주고 자신을 갖게 하는 이름이다. 아들은 아무리 값진 것이라 해도 아버지 손에는 맡기고 부탁할 수가 있다. 그래서 예수님은 육체로부터 분리되려는 찰나 그의 영혼을 아버지 손에 부탁하셨다.

예수님이 십자가에 못 박히신 낮 12시(제6시)부터 오후 3시(제9시)까지 해가 빛을 잃고 온 땅에 초자연적인 어둠이 계속 되었다(눅 23:44). 이 3시간 동안 어둠이 온 땅을 뒤덮은 것은, 인간의 죄의 결과로 인하여 예수님이 하나님으로부터 관계가 끊어지고 버림을 받은 시간이었다.

온 땅에 임한 어두움과 함께 성전의 휘장 한가운데가 위로부터 찢어졌다(눅 23:45). 더 이상 성전에서 다른 희생 제물을 드릴 이유가 없다는 것을 의미한다. 그런 사실이 성전의 휘장 위로부터 한가운데가 찢어지는 것으로 나타났다. 지금까지 이스라엘의 신앙적 중심은 예루살렘 성전이었다. 성전은 하나님께 희생 제사를 드리는 장소였다. 예수님이 마지막 영원한 희생 제물이 되셨기에 희생 제사를 드릴 장소로서의 성전은 더 이상 존재할 필요가 없어진 것이다. 요한계시록의 새 예루살렘 성 안에도 성전은 존재하지 않는다. 하나님과 어린 양 예수님이 성전이 되시기 때문이다(계 21:22).

성전의 휘장이 찢어진 것은 예수님과 하나님의 관계가 정상적으로 회복된 것을 뜻한다. 3시간 온 땅을 뒤덮었던 어두움은 걷히고, 예수님은 하나님을 다시 '아버지'로 부르실 수 있게 된 것이다. 이러한 관계 회복을 근거로 예수님은 자신의 영혼을 아버지 하나님의 손에 부탁드렸다.

예수님은 우리들이 살아가면서 본받아야 마지막 모습을 보여주셨다. 그 모범을 그대로 따른 인물이 최초의 순교자였던 스데반이다. 돌로 치는 유대인들 앞에서 마지막 남긴 말은, 예수님의 가상칠언 중 첫 번째와 마지막 말씀과 같은 "이 죄를 저들에게 돌리지 마옵소서"(행 7:60)와 "주 예수여 내 영혼을 받으시옵소서"(행 7:59)였다. 스데반이 따른 예수님의 모범은 이제 우리에게 주어진 실천할 모범이 되었다. 가상칠언의 말씀은 우리에게 베푸시는 구원의 메시지이면서 동시에 우리들이 따를 신앙의 모본이 되는 이유가 여기에 있다.

인자가 온 것은

예수님께서 이 땅에 예언의 말씀을 따라 오신 것은 예루살렘에서 예언의 말씀을 성취시킴으로 구속사를 이루시기 위함이었다. 아담과 하와가 타락한 범죄 장소에서 속죄의 제물로 드려짐으로 온전한 속죄를 이루시기 위해 오셨다.

내가 너로 여자와 원수가 되게 하고 네 후손도 여자의 후손과 원수가 되게 하리
니 여자의 후손은 네 머리를 상하게 할 것이요 너는 그의 발꿈치를 상하게 할
것이니라 하시고 (창 3:15)

예수님은 성령님으로 잉태되어 여자의 후손으로 오셨다. 마귀의 일을
멸하기 위해 오셔서 십자가 위에서 마귀를 패배시키셨다.

죄를 짓는 자는 마귀에게 속하나니 마귀는 처음부터 범죄함이라 하나님의 아들
이 나타나신 것은 마귀의 일을 멸하려 하심이라 (요일 3:8)

통치자들과 권세들을 무력화하여 드러내어 구경거리로 삼으시고 십자가로 그
들을 이기셨느니라 (골 2:15)

죄의 값은 사망이다(롬 6:23). 죄로 말미암아 잃어버린 생명을 얻기 위하
여 피를 지불해야 한다. 이는 피 흘림이 없이는 사함이 없기 때문이다(히
9:23). 그러므로 예수 그리스도의 보혈은 사망에서 생명을 주는 하나님의
무한한 능력이다.

인자가 온 것은 섬김을 받으려 함이 아니라 도리어 섬기려 하고 자기 목숨을 많
은 사람의 대속물로 주려 함이니라 (막 10:45)

인자가 온 것은 대속물로 자신을 주기 위함이요 생의 목표는 십자가였다. 골고다 언덕을 바라보며 예루살렘에 입성하셨고 순간순간 십자가를 바라보셨다. 인자가 온 것은 피 값으로 우리를 속량하신 것이요, 죄의 노예, 사망의 노예, 사탄의 노예, 어두움의 노예로부터 자유하게 하셨다.

> 때가 차매 하나님이 그 아들을 보내사 여자에게서 나게 하시고 율법 아래에 나
>
> 게 하신 것은 율법 아래에 있는 자들을 속량하시고 우리로 아들의 명분을 얻게
>
> 하려 하심이라 (갈 4:4-5)

인자가 온 것은 죄인을 위하여 십자가에 못 박혀 피 흘려 돌아가심으로 죄인을 속량하셔서 의롭게 하시고 마귀의 자녀를 하나님의 자녀로 만드시고 새 하늘, 새 땅으로 이끄시기 위함이다.

"다 이루었다"(요 19:30)라는 선언은 에덴 회복을 위한 과정의 분기점이요 반전의 시작이다. 때가 차면 예수님은 다시 오셔서 에덴을 회복시킬 것이다. 인자가 이스라엘을 통해 오신 것은 하나님의 말씀의 성취요 또 반드시 앞으로 남아있는 말씀도 이루어진다는 보증으로 피로 인 치신 것이다. 믿는 자들은 인자가 다시 오심에 대한 징조를 보여주는 장자 나라 이스라엘의 역할을 볼 수 있어야 한다.

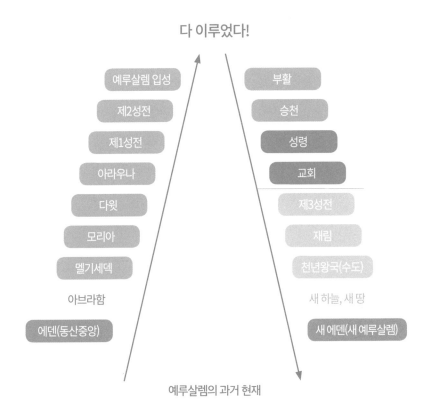

다 이루었다!

예루살렘 입성   부활

제2성전   승천

제1성전   성령

아라우나   교회

다윗   제3성전

모리아   재림

멜기세덱   천년왕국(수도)

아브라함   새 하늘, 새 땅

에덴(동산중앙)   새 에덴(새 예루살렘)

예루살렘의 과거 현재

복음과 진리의 심장

심장이 생명을 주는 피를 온몸에 밀어 보낸다. 부활은 바로 복음과 진리의 심장으로서 진리의 전 영역에 생명을 공급해 준다. 부활은 그것을 중심으로 해서 기독교 전체가 회전하고 있는 추축이다. 부활을 빼면 기독교는 희망적인 사상 아니면 또 하나의 무익한 인간 철학이 되고 말 것이다.

예수님이 부활하신 것이 정말 사실일까? 그리고 나 자신의 부활이 정말로 있는 것일까? 이보다 근본적이고 중요한 질문은 없다. 우리는 믿는다 하면서도 추상적이고 아직도 무엇인가 미진한 것이 있다. 그러나 정말 확실한 부활 신앙이 있다면, 그까짓 장수가 뭐 그리 대단하며, 잘산다는 것이 뭐 그리 중요한가? 좀 울면 어떠하고 웃으면 어떠한가? 가장 중요한 문제는 생명 문제요, 생명 문제는 부활과 직결되는 것이다. 그러므로 어떠한 대가를 치러서라도 예수님이 부활하셨고 나도 부활한다는 사실을 확실하게 믿어야 한다.

의심이 많다고 걱정할 것은 없다. 의심을 위한 의심일 때가 문제이지, 의심이 확신으로 바뀌는 경우에는 가장 확실하고 귀한 믿음을 갖게 되는 것이다. 만일 그리스도의 부활을 믿지 않는다면 당신은 그리스도인이 아니다.

네가 만일 네 입으로 예수를 주로 시인하며 또 하나님께서 그를 죽은 자 가운데서 살리신 것을 네 마음에 믿으면 구원을 받으리라 (롬 10:9)

이처럼 구원은 부활신앙에 근거를 두고 있다. 따라서 만일 자신이 부활을 믿고 있는지 아닌지 모르겠다고 하는 사람이 있다면 그가 무엇을 주장하든지 그는 구원을 받지 못한 불쌍한 자이다.

예수 그리스도의 부활을 부인하는 것은 기독교 신앙의 기초 전체를 파괴하는 셈이다. 기독교 신앙의 기초는 예수님의 교훈이나 그분의 생애, 그분의 사랑, 그분의 기적, 그분의 죽음(십자가)에 있는 것이 아니다. 기독교 신앙은 예수 그리스도께서 죽은 자 가운데서 부활하심으로써 그 위에 기초하고 있다.

예수님은 초자연적으로 잉태되었으나 자연적으로 출생하셨고 자연적으로 죽으셨으나 초자연적으로 부활하셨다. 인생이 죽어서 살아난 적이 없기에 예수님이 다시 살아났다는 사실에 사람들은 믿을 수 없다고 한다.

> 그가 고난 받으신 후에 또한 그들에게 확실한 많은 증거로 친히 살아 계심을 나타내사 사십 일 동안 그들에게 보이시며 하나님 나라의 일을 말씀하시니라
>
> (행 1:3)

예수님을 미워하고 박해했던 바울은 다메섹 도상에서 부활하신 예수님을 친히 만났다. 그래서 바울도 예수님 부활 신앙의 바탕 아래 서신을 썼다는 것을 기억해야 한다.

기독교는 유일한 부활의 종교이다. 그러나 부활에 대한 갖가지 다른 주장들이 떠돌기 시작했다. 예수님의 부활에 관하여 거짓이었다는 사기설, 시체를 빼돌렸다는 도난설, 잘못 보았다는 환각설, 심지어 죽지 않고 기절했다가 살아났다는 기절설 등이 있다. 그러나 생각해 보라 누가 사기를 치기 위해 순교할 수 있겠는가? 뿐만 아니라 500명이 함께 부활하신 예수님을 잘못 볼 수 있겠는가? 로마 병정들이 지키는 무덤에서 어떻게 시체를

훔쳐 낼 수 있겠는가?

내가 받은 것을 먼저 너희에게 전하였노니 이는 성경대로 그리스도께서 우리

죄를 위하여 죽으시고 장사 지낸 바 되셨다가 성경대로 사흘 만에 다시 살아나

사 (고전 15:3-4)

무엇보다도 성경은 예수님의 확실한 부활을 증거하고 있다. 예수님은
성경대로 죽으시고 성경대로 부활하셨다. 부활하신 예수님은 게바에게,
11제자에게, 야고보에게, 모든 사도에게 보여 주시고 바울에게도 보여 주
셨다. 뿐만 아니라 500여 형제에게도 보여 주셨는데, 본문 기록 당시에 그
태반이 살아 있다고 했다. 그 외에도 막달라 마리아, 여인들, 엠마오 도상
에 두 제자, 의심 많은 도마에게 각각 보이시고 부활하신 예수님은 한곳에
모인 제자들이 보는 앞에서 승천하셨다.
주님은 부활하사 제자들에게 친히 보여 주시며 확실하게 증거하셨다.

내 손과 발을 보고 나인 줄 알라 또 나를 만져 보라 영은 살과 뼈가 없으되 너희

보는 바와 같이 나는 있느니라 (눅 24:39)

이에 구운 생선 한 토막을 드리니 (눅 24:42)

만일 부활이 없다면 복음이 복음 될 수 없을 것이고 십자가는 어리석은

것에 불과할 것이다. 부활은 사망권세를 철폐시킨 것이기에 부활이 없다면 잠자는 자들도 영원히 멸망할 것이며 우리는 더욱 불쌍한 자가 될 것이다.

> 만일 그리스도 안에서 우리가 바라는 것이 다만 이 세상의 삶뿐이면 모든 사람 가운데 우리가 더욱 불쌍한 자이리라 (고전 15:19)

그러나 주님은 살아나셨다. 인류 역사 속에 있었던 수많은 증언들 가운데 예수님 부활 증인들보다 더 많은 순교자를 낸 것은 없다. 조작된 사기 사건이라면 무슨 유익을 바랐겠는가? 이 세상에서와 저 세상에서 영육 간에 하나도 유익이 없는 일을 위하여 그렇게 많은 사람들이 순교를 할 이유가 설명되지 않는다. 그들은 순교의 죽음을 영광과 찬송과 웃음으로 받아들이고 자기를 죽이는 원수들을 위해 기도하고 사랑하는 뜨거움과 여유가 있었던 것이다.

> 이 예수를 하나님이 살리신지라 우리가 다 이 일에 증인이로다 하나님이 오른손으로 예수를 높이시매 그가 약속하신 성령을 아버지께 받아서 너희가 보고 듣는 이것을 부어 주셨느니라 (행 2:32-33)

성령체험은 부활을 확신케 한다. 성령님은 예수님을 증거하는 영이기 때문이다. 기록된 성경 말씀의 원저자이신 성령님께서 하나님의 모든 말씀이 진리이심을 확신케 하신다.

부활과 승천 사이에서

성경에는 특별한 기간을 나타낼 때 40이라는 숫자가 많이 나온다. 40은 준비 기간을 말할 때가 많다. 노아 홍수 때 비가 40일 동안 쏟아졌다. 이스라엘은 40년을 광야에서 보내고 가나안 땅에 들어갈 수 있었다. 모세는 40일 주야를 산 위에서 금식하고 십계명을 받았다. 모세는 40년을 바로 궁정에서, 40년을 미디안 광야에서 훈련받고 40년간 쓰임을 받았다. 여호수아는 40세에 모세를 이어 이스라엘의 지도자가 된다. 예수님께서도 40일 금식 후 공생애를 시작하시고 경이로운 부활과 승천 사이의 40일로 공생애를 마감하신다.

> 그가 고난 받으신 후에 또한 그들에게 확실한 많은 증거로 친히 살아 계심을 나타내사 사십 일 동안 그들에게 보이시며 하나님 나라의 일을 말씀하시니라
>
> (행 1:3)

예수님은 십자가를 지시기 전에 이미 부활을 몇 차례 말씀하셨지만 믿지 못하는 제자들에게 부활을 확신시켜 주셨다. 직접 못 박힌 손과 창에 찔린 옆구리를 만져 보라고 하시고 함께 음식을 잡수시며 부활을 증명하셨다.

부활하신 예수님은 40일 간을 이 땅에 계시면서 하나님 나라의 일을 말씀하시고 선교의 대사명을 내리셨다. 하나님의 나라를 완성시키시기 위하

여 주님은 다시 오셔야 했고 다시 오시기 위해서는 "모든 민족에게 복음이 증거"(마 24:14) 되어야 하기 때문에 선교의 대사명으로 4복음서를 마치신다.

성구	능력 약속	범위	메시지	활동	목적
마 28:18-20	그리스도의 능력	모든 민족	분부하신 것	가서/세례/제자	제자
막 16:15-18	축사/방언/안수	만민	복음	가서/전파/세례	믿음
눅 24:46-49	약속하신 능력	모든 족속	회개와 죄사함	전파/증인	사죄
요 20:21-23	성령님의 능력	세상	성령님을 통한 사죄	죄사함 선포	사죄
행 1:6-8	성령님의 능력	땅끝까지	그리스도	증인됨	증인

『성령과 선교』(이재범, 1985)

예수께서 나아와 말씀하여 이르시되 하늘과 땅의 모든 권세를 내게 주셨으니 그러므로 너희는 가서 모든 민족을 제자로 삼아 아버지와 아들과 성령의 이름으로 세례를 베풀고 내가 너희에게 분부한 모든 것을 가르쳐 지키게 하라 볼지어다 내가 세상 끝날까지 너희와 항상 함께 있으리라 하시니라 (마 28:18-20)

또 이르시되 너희는 온 천하에 다니며 만민에게 복음을 전파하라 믿고 세례를 받는 사람은 구원을 얻을 것이요 믿지 않는 사람은 정죄를 받으리라 믿는 자들에게는 이런 표적이 따르리니 곧 그들이 내 이름으로 귀신을 쫓아내며 새 방언을 말하며 뱀을 집어올리며 무슨 독을 마실지라도 해를 받지 아니하며 병든 사람에게 손을 얹은즉 나으리라 하시더라 (막 16:15-18)

또 이르시되 이같이 그리스도가 고난을 받고 제삼일에 죽은 자 가운데서 살아

날 것과 또 그의 이름으로 죄사함을 받게 하는 회개가 예루살렘에서 시작하여

모든 족속에게 전파될 것이 기록되었으니 너희는 이 모든 일의 증인이라 볼지

어다 내가 내 아버지께서 약속하신 것을 너희에게 보내리니 너희는 위로부터

능력으로 입혀질 때까지 이 성에 머물라 하시니라 (눅 24:46-49)

예수께서 또 이르시되 너희에게 평강이 있을지어다 아버지께서 나를 보내신 것

같이 나도 너희를 보내노라 이 말씀을 하시고 그들을 향하사 숨을 내쉬며 이르

시되 성령을 받으라 너희가 누구의 죄든지 사하면 사하여질 것이요 누구의 죄

든지 그대로 두면 그대로 있으리라 하시니라 (요 20:21-23)

그들이 모였을 때에 예수께 여쭈어 이르되 주께서 이스라엘 나라를 회복하심이

이 때니이까 하니 이르시되 때와 시기는 아버지께서 자기의 권한에 두셨으니

너희가 알 바 아니요 오직 성령이 너희에게 임하시면 너희가 권능을 받고 예루

살렘과 온 유대와 사마리아와 땅 끝까지 이르러 내 증인이 되리라 하시니라

(행 1:6-8)

사명을 감당하기 위해서 반드시 예루살렘을 떠나지 말고 약속하신 성

령을 받으라고 당부하셨다.

사도와 함께 모이사 그들에게 분부하여 이르시되 예루살렘을 떠나지 말고 내게

서 들은 바 아버지께서 약속하신 것을 기다리라 요한은 물로 세례를 베풀었으나 너희는 몇 날이 못되어 성령으로 세례를 받으리라 하셨느니라 (행 1:4-5)

볼지어다 내가 내 아버지께서 약속하신 것을 너희에게 보내리니 너희는 위로부터 능력으로 입혀질 때까지 이 성에 머물라 하시니라 (눅 24:49)

부활하신 예수님께서 제자들에게 맡기신 사명은 성령님을 받았을 때 그 사명을 감당할 수 있었다. 성령 충만을 받아 복음을 증거할 때 비로소 내가 살고, 가정이 살고, 나라와 민족이 살게 된다.

하나님께서 맡기신 사명을 내 힘과 능력만으로는 감당할 수 없다. 날마다 말씀을 사모하고 기도에 더욱 힘쓰는 가운데 주시는 성령님을 의지하여 주께서 남기신 십자가의 고난을 기쁨으로 채우며 승리할 수 있다.

성령충만함으로 마음에 천국을 누리며 천국 복음을 전하여 하나님 나라를 확장시키며 다시 오실 주님을 바라보는 것이 제자의 삶이다.

God's Master Plan

4

다시 오실 메시아 예수님

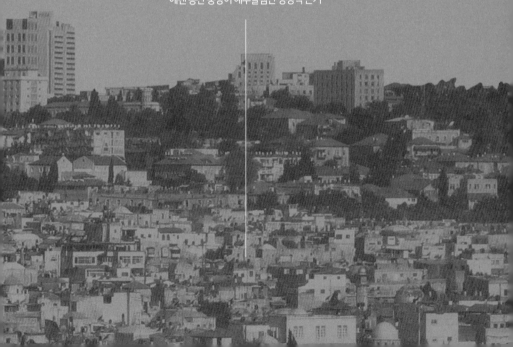

철저하게 고립되어 받은 계시를 순수하게 유지하며
메시아를 대망하던 유대인들이 멀리 이산되어 복음을 전했다.
때가 차매 다시 모여 예루살렘을 중심으로
믿는 유대인과 믿는 이방인이 한 새 사람을 이루어
주님을 맞이할 것이다.
메시아의 오심과 통치 속에
메시아왕국을 이루고 세상을 밝히고 섬기게 될 것이다.

요한계시록 21장 4절
모든 눈물을 그 눈에서 닦아 주시니 다시는 사망이 없고 애통하는 것이나 곡하는 것이나
아픈 것이 다시 있지 아니하리니 처음 것들이 다 지나갔음이러라

승천하신 주님께서 이 땅에 다시 오기를 원하시고 기다리신다. 이를 위해 성령님을 보내 주셨다. 성령님의 도우심 속에 주님 다시 오실 길을 준비하는 일이 그리스도인들의 사명이요 특권이다.

오직 성령의 능력으로

볼지어다 내가 내 아버지께서 약속하신 것을 너희에게 보내리니 너희는 위로부터 능력으로 입혀질 때까지 이 성에 머물라 하시니라 (눅 24:49)

이 말씀을 붙들고 순종한 제자들은 마음을 같이하여 성령님이 그들에게 임하실 때까지 예루살렘을 떠나지 않고 전혀 기도에 힘쓰며 기다렸다.

오순절 날이 이미 이르매 그들이 다같이 한 곳에 모였더니 홀연히 하늘로부터 급하고 강한 바람 같은 소리가 있어 그들이 앉은 온 집에 가득하며 마치 불의 혀처럼 갈라지는 것들이 그들에게 보여 각 사람 위에 하나씩 임하여 있더니 그들이 다 성령의 충만함을 받고 성령이 말하게 하심을 따라 다른 언어들로 말하기를 시작하니라 (행 2:1-4)

부활하신 주님의 명령이 있기 전에는 제자들이 무슨 일을 어떻게 해야 할지를 몰랐다. 더욱이 땅끝까지 증인이 되려는 마음도 능력도 없었다. 그들은 당장 어떻게 살아갈 것인가 하는 문제로 두려워하고 있었다. 그러나 오순절날 성령님의 충만함을 받고 예루살렘과 유대와 사마리아와 땅끝까지 이르러 증인이 된 것이다.

오순절 성령강림과 증인된 삶을 사는 것은 직접적인 관계가 있는 것이 분명하다. 기독교의 결정적인 확장의 사건은 오순절이다. 오순절은 교회와 관련하여 특별히 두 가지 큰 의미를 가지고 있다. 하나는 교회의 공식적인 탄생일로, 교회는 하나님의 선교를 위한 도구가 된다. 다른 하나는 오순절날에 요엘 선지자와 세례 요한과 예수님 자신이 말씀하신 것처럼 약속대로 성령님이 충만히 부어졌다. 핍박과 위협을 두려워하지 않고 전도와 선교를 할 수 있는 능력을 받게 된 것이다. 그러므로 오순절 성령강림과 복음화는 밀접한 관계가 있다.

복음서에서의 제자들의 모습과 사도행전에서의 모습은 전혀 다른 모습이다. 무서워 피하고 숨던 사람들이 담대한 사람들로 바뀌어 버린다.

그들은 새로운 사람들이 되었다. 복음서에서 그들은 수동적인 제자들이었으나 사도행전에서 능력 있는 사도적인 모습을 보여 준다.

복음서에서 그들은 무기력하고, 비겁하고, 확신이 없고, 이기적이며, 서로 다투며 불순종하는 자들이었다. 그들은 추종자들이었지 지도자들이 아니었다. 그들은 학생들이었지 선생들이 아니었다. 그들은 학생들로서도 잘하는 편이 아니었다. 예수님은 몇 번씩이나 그들의 믿음 없음을 책망하셨다.

그러나 예수님의 승천 후 그리스도께서 성령님을 보내셔서 제자들 속에 내주하게 하신다. 제자들을 한 몸으로 일치시키고 그들이 세계로 나아가 선교사역을 감당하도록 능력을 부여하셨다. 이 사건은 사도행전에 기록된 가장 중요한 사건이다. 그래서 사도행전을 성령행전이라고 부른다. 오순절날 성령님의 역사가 없었다면 능력 있는 교회는 존재하지 못했을 것이다. 무력한 단체의 모임으로 사라졌을 것이다. 오순절은 성령님의 능력의 임재와 능력을 체험케 하는 놀라운 초유의 사건이었다.

오순절 성령강림은 제자들로 하여금 선교를 가능케 하였다. 부활이 복음의 메시지에 생명을 불어넣었다. 오순절 체험은 땅끝까지 복음의 메시지를 전하려는 제자들에게 능력을 불어넣었다. 성령의 능력으로 복음을 전하게 되고 또한 복음을 들을 때 성령으로 예수를 주시라고 할 수 있기 때문이다(고전 12:3).

성령님은 선교의 영이시다. 따라서 제자들에게 하나님의 영이 오신 가장 중요한 목적은 선교적인 삶을 살게 하는 것이었다.

사도행전에 나타난 예루살렘 오순절 사건 이후 교회는 급성장하며 부흥한다.

예루살렘/오순절	120명	행 1:15, 2:1-4
베드로 설교	3,000명	행 2:41
남자의 수	5,000명	행 4:4
남녀의 큰 무리	큰 무리	행 5:14
제자가 더 많아짐	많아짐	행 6:1
제자의 수/제사장의 무리	더 심히 많아짐	행 6:7
유대 갈릴리 사마리아	수가 더 많아짐	행 9:31
여러 교회	수가 날마다 늘어감	행 16:5
유대인 중 믿는 자	수만 명	행 21:20

초대교회의 탁월한 교회 성장

성령님과 하나님의 나라

하나님의 나라는 하나님의 통치이다. 그러므로 성령충만하여 순종하는 곳이 하나님의 나라이다. 성령님이 충만하여 심령에 천국이 임할 뿐 아니라 가정에도 천국이 임하고 교회와 사회와 국가 등 모든 삶의 자리에 하나님의 나라가 임해야 한다. 성령님은 그리스도인이 있는 모든 영역 속에서 역사하신다. 성령님은 모든 영역에 변화를 가져다주신다. 그리스도인은 성령충만하여 순종의 삶을 살아야 한다.

성령님은 믿는 자들을 하나님 나라의 백성 되게 하신다. 성령님을 받은 자는 하나님의 자녀요 하나님 나라 백성이다.

예수께서 대답하시되 진실로 진실로 네게 이르노니 사람이 물과 성령으로 나지 아니하면 하나님의 나라에 들어갈 수 없느니라 (요 3:5)

예수께서 이르시되 내가 곧 길이요 진리요 생명이니 나로 말미암지 않고는 아버지께로 올 자가 없느니라 (요 14:6)

성령님은 하나님 나라가 우리 안에 있게 하신다. 사람의 심령이 먼저 겸손히 순종함으로 하나님의 나라가 되어야 한다. 성령님께 순종함으로 마음을 지키는 자가 하나님의 나라를 지킬 수 있다.

또 여기 있다 저기 있다고도 못하리니 하나님의 나라는 너희 안에 있느니라 (눅 17:21)

성령님은 하나님의 나라를 경험하게 하신다. 하나님의 나라는 성령님의 역사로 하나님과 바른 관계를 유지하며 죄를 멀리하고 의를 추구하는 생활이다. 하나님의 나라는 이웃과의 관계에서 불화하지 않고 서로 사랑하고 화평하게 사는 생활이다. 그리고 하나님의 나라는 자신과의 관계 속에 갈등 없이 희락과 행복으로 사는 삶 자체이다.

하나님의 나라는 먹는 것과 마시는 것이 아니요 오직 성령 안에 있는 의와 평강과 희락이라 (롬 14:17)

성령님은 하나님 나라를 확장시킨다. 오직 성령님이 임하실 때 하나님의 백성은 권능을 받아 예루살렘과 유대와 사마리아와 땅끝까지 증인이 될 수 있다.

오직 성령이 너희에게 임하시면 너희가 권능을 받고 예루살렘과 온 유대와 사마리아와 땅 끝까지 이르러 내 증인이 되리라 하시니라 (행 1:8)

성령님은 하나님 나라를 확장시켜 주님 오실 길을 준비시킨다.

성령님은 사람들을 통해 교회를 세우시고 사람들을 통해 세계선교와 복음전파를 이루어 가신다.

성령님을 받는 제자들은 주님이 하신 일을 하는 것이다.

예수께서 모든 도시와 마을에 두루 다니사 그들의 회당에서 가르치시며 천국 복음을 전파하시며 모든 병과 모든 약한 것을 고치시니라 (마 9:35)

성령님과 함께하는 제자들이 가는 곳마다 하나님의 나라가 임하였다.

성령님을 받은 제자들은 하나님의 말씀을 전하고 가르쳤다.

성령님을 받은 제자들은 그리스도의 증인들이었다. 그들은 가는 곳마다 복음을 전했다. 예수님을 믿는다는 것은 예수님을 그리스도라고 고백하고 전파하는 것이었다.

성령님을 받은 제자들은 병든 자를 보면 기도하고 예수님 이름으로 귀신을 쫓음으로 병든 자와 귀신 들린 자들을 고쳐 주었다.

성령님을 받은 제자들은 그리스도를 닮은 자들이다. 성령님의 능력 속에 그리스도께서 하신 일을 해야 하는 것이다.

불신자들의 배후에는 통치자들과 권세자들과 어둠의 세상 주관자들과 하늘에 있는 악한 영들이 있기 때문에 전도할 때는 많은 기도를 해야 한다. 예수님을 믿는다는 것은 바로 마귀와의 전쟁을 선포한 것이기 때문이다.

하나님의 나라는 하나님께서 친히 세우시고 확장시키지만 순종하는 주의 자녀들을 통해서 하신다. 하나님은 자녀들을 사랑하셔서 믿음으로 받는 많은 은혜와 축복 속에 하나님의 일을 잘 감당하기를 원하신다. 주님께서 직접 다스리는 나라에서 만왕을 모시고 함께 왕 노릇 하기를 기대하신다. 하나님의 일은 인간의 힘과 열심으로만 이루어지지 않는다. 성령님의 도우심과 능력 안에서 열매를 맺을 수 있고 하나님의 뜻이 이루어질 수 있다.

성령님의 도우심으로 믿는 이방인의 수가 차고 믿는 유대인의 수가 찰 때 그리스도께서 다시 오셔서 하나님의 나라를 완성시키시고 그의 나라를 다스릴 것이다.

이 천국 복음이 모든 민족에게 증언되기 위하여 온 세상에 전파되리니 그제야 끝이 오리라 (마 24:14)

주님이 오시는 길을 준비하려고 수많은 선교사들이 성령충만하여 땅끝을 향하여 복음을 들고 나아갔고 이 중에 수많은 순교자들의 피가 강같이 흘렀다. 많은 무리들이 하나님께로 돌아왔다. 그러나 오늘날 복음화가 인구 증가를 따라잡지 못하고 있다. 제3세계에 그리스도의 복음은 확산되어 가고 있다. 그러나 서구교회들이 쇠퇴하여 예배당이 팔리고 심지어 이슬람의 모스크가 되기도 한다. 이방종교들과 이단들이 왕성해지고 있으며 끝이 보이지 않는 선교에 대해 허무주의가 일어나고 있다.

그러나 우리는 기억해야 한다. 구원은 개인적 구원으로부터 시작되지만 우주적인 구원으로 완성된다. 마지막 조각이 들어갈 때 구원은 완성된다. 이 마지막 조각은 이스라엘의 회복이다.

내가 너희에게 이르노니 이제부터 너희는 찬송하리로다 주의 이름으로 오시는 이여 할 때까지 나를 보지 못하리라 하시니라 (마 23:39)

하나님께서는 지난 2천 년 동안 많은 이방인들을 구원하셨다. 예루살렘에서 시작된 이 복음은 유대와 사마리아와 땅끝까지 뻗어 나갔다. 이제 하나님께서 우리에게 한 비밀을 보여 주셨는데 이스라엘 회복을 통해 구원을 완성하시는 것이다.

하나님은 이방인들을 향한 문을 열기 위해 이스라엘의 복음의 문을 닫으셨다. 그래서 이스라엘은 복음을 거부했고 메시아를 십자가에 못 박아 죽였다. 뿐만 아니라 그들은 2천 년이 지난 지금까지 예수님을 거부하고 있다. 이것은 오직 이방인들을 구원하기 위해서이다.

하나님은 우리를 무척 사랑하셔서 독생자 예수 그리스도를 희생시켰고, 이방인들을 구원하기 위하여 이스라엘을 희생시키셨다. 그러나 하나님은 이스라엘을 버리지 않으신다. 이방인도 사랑했다면 이스라엘을 왜 사랑하지 않으시겠는가? 하나님은 이스라엘을 구원하실 것이다. 그런데 중요한 것은 바로 지금이 그때라는 것이다. 이스라엘은 지난 2천 년 동안 메시아를 거부하며 큰 바위처럼 움직이지 않았다. 그런데 전 세계에 흩어져 있던 유대인들이 속속 이스라엘로 돌아가고 있다. 예수 그리스도를 믿는 유대인이 늘어나고 있으며 복음이 세계 곳곳에서 증거되고 있음을 주의 깊게 살펴봐야 한다.

유대인들의 본국 귀환은 단순한 고향 찾기가 아니라 선지자들의 예언 성취이자 예수님의 재림에 대한 표증이다. 예레미야, 이사야, 에스겔 등에서 흩어진 이스라엘 백성들이 사방으로부터 모여 올 것이고 그 후에 의의 왕이 다시 오실 것이라고 분명히 약속하고 있다.

이것은 우리가 주목해야 할 사건이다. 그런 일들이 도처에서 일어나고 있다. 성경의 예언들이 이루어지고 있는 것이다.

이방인들 중에 구원받을 자들이 돌아오고, 이스라엘의 구원받을 자들이 돌아오면 구원의 역사는 끝이 난다. 구속의 역사는 완성이 되는 것이다. 하나님의 나라 완성을 위해 주님께서 재림하시는 것이다. 이것이 구원의 대 드라마이다.

바젤에서 예루살렘까지 70년

구원의 대 드라마를 끝내시기 위하여 하나님은 1800년대 말에 많은 선교사들을 세계로 향하게 하셨다. 또한 전 세계에 흩어져 나라를 잃고 유리방황하며 처참한 일들을 당해 왔던 이스라엘을 위해 놀라운 일들을 행하셨다. 이제 그 역사 속으로 들어가 보자.

1800년대 중반까지만 해도 전 세계에 흩어진 유대인들이 실제로 다시 옛 땅에 모여 나라를 재건하리라는 이상은 실현 불가능한 일로 여겨졌다. 그런데 그 당시 사람들이 미처 알지 못했던 일들이 차례로 일어나기 시작했다.

1880년대 당시 팔레스타인이라고 불리던 옛 이스라엘 땅에 소수의 유대인들이 돌아오기 시작한다. 이들은 러시아와 동유럽에서 심각해진 박해를 피해 온 사람들인데, 이들의 귀환을 히브리어로 '알리야' 즉, '올라가다'라고 불렀다. 예루살렘은 하나님의 거하시는 곳이기 때문에 예루살렘으로 가는 것을 '올라가다'라고 하였다. 유대인 박해가 점점 심각해지자 그들은 박해 받지 않고 자유롭게 살 수 있는 유대인 국가 건설을 추구했다. 흩어져 있던 유대인들을 오랜 기간 떠나 있었던 하나님이 그들을 약속한 땅으로 이주시키기 시작한다.

1897년 스위스 바젤에서 제1차 시온주의의회가 열렸다. 의회를 추진한 테오도르 헤르츨(Theodor Herzl)은 '근대 이스라엘의 아버지'라고도 불렸으며, 그 의회에서 유대국가 건설을 주창하였다.

오스만 터키 제국의 점령(1517-1917)하에 있던 팔레스타인 땅은 대부분 인구가 적고 경작하기 어려운 황폐한 땅이었다. 초기 유대인 이민자들은 황무지를 개간하고 정착촌을 건설하였다. 일자리가 늘어나면서 유목민으로 떠돌던 아랍 사람들이 몰려오기 시작했다. 유대인과 아랍인 인구가 증가하면서 번영하는 유대인들에 대한 시기와 분노로 폭력과 테러가 자주 발생하였다.

제1차 세계대전(1914-1917)은 중동의 정세와 국경을 완전히 바꿔 놓았다. 오스만 터키 제국의 중동지역 지배는 정확히 400년 만에 끝났다. 1차 대전 중 아세톤 생산법을 발견하여 대량폭발물 개발에 성공함으로 영국을 크게 도왔던 하임 와이즈만 박사를 위시하여 시온주의 유대인들이 영국 정부에 유대국가 건설에 협력해 줄 것을 요청한다. 1917년 영국 정부는 밸푸어(Arthur James Balfour) 외무상이 기안한 '밸푸어 선언'을 발표함으로써, 팔레스타인 땅에 유대인 국가를 건설할 것을 명문화하였다. 한편 영국군은 1917년 예루살렘 전투를 통해 오스만 터키 제국이 점령하고 있던 예루살렘을 점령한다. 이 전투에서 영국군 18,000명, 터키군 25,000명이 사망한다.

1920년 이탈리아 북서부의 휴양도시 산레모. 프랑스와 인접한 해안도시인 이 곳에서 열린 연합국 최고회의(영국, 프랑스, 이태리, 일본, 미국)에 참가한 영국과 프랑스 대표가 협정을 맺었다. 산레모 협정의 골자는 400년간 중동지역을 장악하고 있었던 오스만 터키 제국의 영토를 분할하는 것이었다. 시리아는 프랑스가 관할하고, 이라크와 팔레스타인은 영국이 관할하며, 유대들을 위한 거주국을 팔레스타인에 설립한다는 내용이 포함되었다. 국제법상 산레모결의안은 이스라엘의 마그나 카르타(Magna Carta)이며 나중의 유엔 결의안보다 우선한다.

1922년 제1차 세계대전 후 결성된 국제연맹은 영국에게 팔레스타인 땅에 유대인 국가를 건설할 권한을 위임한다. 영국정부는 팔레스타인 땅의 77%에 해당하는 요르단 강 동쪽에는 팔레스타인 거주 아랍인들을 위한 트랜스 요르단(오늘날 요르단)을, 팔레스타인 거주 유대인들에게는 요르단 강 서쪽 23%에 해당하는 지역을 할당하는 두 국가 분할안을 실행한다.

일자리가 많은 유대인 지역에 아랍인들의 인구는 계속 늘어난다. 이로 말미암아 두 민족 간의 갈등도 점점 심해지고 아랍인들의 폭력과 테러도 점점 늘어난다.

1938년 7월에 32개국 대표가 프랑스 에비앙에서 '독일과 오스트리아에 있는 유대인들을 어떻게 구출할 것인가?'라는 의제로 모였다. 그러나 에비앙에 참석한 각국 대표들은 유대인 수용을 거부하였다. 그 결과 유대인들을 거부했던 그 나라들은 2차 세계대전 중 5천만 내지는 7천만의 수많은 군인들과 민간인들이 희생되었다. 각국 대표들이 히틀러(Adolf Hitler)의 만행을 규탄하고 유대인 난민들을 받아들였다면 홀로코스트가 없었을 것이고, 2차 세계대전도 일어나지 않았을 수도 있었다.

영국 정부는 1939년 백서를 통해 아랍인들을 달래려고 유대인 이주를 제한하게 된다. 영국의 친아랍정책은 유럽의 대학살로 팔레스타인으로 망명하려는 많은 유대인들의 탈출구를 막음으로 비극적인 결과를 가져온다.

1939년에서 1945년 사이에 전 세계 1,500만 명의 유대인 중 600만 명이 아돌프 히틀러가 만든 악마적인 죽음의 수용소에서 살해당했다. 2차 대전이 끝났지만 유대인 대학살에서 살아남은 유대인들은 더 이상 안주할 곳이 없었다. 국제사회는 갈 곳이 없어 비탄에 잠긴 유대인들을 임시수용소에 계속해서 방치할 수만은 없었다. 상상을 초월한 끔찍한 만행의 진실이 점점 밝혀짐에 따라 전 세계에 유대인에 대한 동정심이 일어나 유대인의 조국 건설을 지원하려는 분위기가 고조되었다. 그러나 아랍 민족은 이스라엘의 건국을 반대하였다. 팔레스타인 지역의 두 민족 간 갈등을 해결하지 못한 영국은 이 문제를 유엔에 상정하게 된다.

1947년 팔레스타인 땅을 분할하여 유대 국가와 아랍 국가를 각각 설립하라는 유엔 결의안이 나왔다. 미국의 해리 트루먼(Harry Truman) 대통령은 이 결의안을 강력히 지지하라고 국무장관과 주 유엔대사에게 명령하였다. 이 지시는 국무장관과 주 유엔대사가 모두 반대하였음에도 불구하고 이루어졌다. 인간적인 관점에서 본다면 해리 트루먼 대통령이 없었더라면 오늘날 이스라엘도 없을 것이다. 유엔 분할안의 경계는 이스라엘의 입장에서 보면 자국의 방어가 불가능한 경계였다. 그럼에도 불구하고 유대 민족은 이스라엘의 건국을 위해 이 분할안을 받아들였고, 아랍 민족은 거부하였다. 국제연합회원국들의 투표를 통해 이스라엘의 건국이 승인된다.

1948년 5월 14일. 약 1,900년 동안 나라 없이 흩어졌던 유대 민족이 마침내 나라를 세운다. 이사야 66장 말씀이 역사 속에서 구체적으로 성취되었다.

시온은 진통을 하기 전에 해산하며 고통을 당하기 전에 남아를 낳았으니 이러한 일을 들은 자가 누구이며 이러한 일을 본 자가 누구이냐 나라가 어찌 하루에 생기겠으며 민족이 어찌 한 순간에 태어나겠느냐 그러나 시온은 진통하는 즉시 그 아들을 순산하였도다 (사 66:7-8)

그러나 이스라엘 국가를 세우자마자 이를 제거하려고 주변 아랍연합국이 1차 중동전쟁을 일으킨다(1948. 5-1949. 3). 막 태어난 신생국가로, 훈련된 정식 군대를 미처 갖추지 못하였던 미약한 이스라엘은 최신 무기로 무장한 아랍연합군(이집트, 요르단, 레바논, 시리아, 이라크, 사우디)의 대병력을 홀로 상대하여 전투했다. 지속된 이스라엘 건국전쟁은 유엔의 중재로 휴전협정을 맺게 된다. 이 전쟁으로 인해 본래 국제 관할 지역이었던 예루살렘과 서안지구는 요르단이 점령하고, 가자지구는 이집트가 점령하게 된다. 이러한 혼란 속에서 팔레스타인 난민이 발생하였다. 아랍 지도자들의 권고도 있었지만, 전쟁의 위협을 피하려고 스스로 도주한 사람들이 대부분이었다.

1967년 6월 4일 이제 다시 막 태어난 신생국가 이스라엘에게 홀로코스트의 상처가 아물기도 전에 이들은 또다시 전쟁의 위기 가운데 서게 된다. 이스라엘을 둘러싼 주변 아랍 국가들이 푸른 지중해를 유대인의 피로 물들이겠다고 서약한다.

당시 다수 이스라엘 사람들은 나라가 멸망에 처하였다고 생각하고 극도의 불안과 두려움에 빠질 수밖에 없었다. 이 전쟁으로 인해 최소한 수만 명이 목숨을 잃고 엄청난 사상자를 발생시킬 것 같았다. 예루살렘의 지도

자들은 많은 사람들의 죽음을 예상하고, 실제로 예루살렘의 모든 국립공원을 공동묘지로 지정해 놓았다. 북쪽으로는 시리아, 동쪽으로는 요르단, 남쪽으로는 이집트…. 수적으로나 군사적으로나 이스라엘은 3면의 국경에서 열세인 상황이었다. 소련은 그동안 아랍국가에 20억 달러 규모의 엄청난 무기를 공급하여, 이스라엘보다 2배 이상의 많은 군인들과 3배의 어마어마한 탱크들, 4배가 되는 전투기를 전쟁터에 동원했다. 이스라엘은 장기전을 감당할 만한 군사력을 준비하지 못한 상태였을 뿐만 아니라, 혼자서 자국을 방어해야만 했다. 그래서 이집트와 시리아의 공군기지를 파괴하는 선제공격을 감행한다. 그런데 전쟁 바로 직전에 이스라엘의 주적 이집트에는 아주 중대한 실수들과 작은 사고가 잇달아 일어났다. 이집트군의 연속된 실수들로 말미암아 선제공격을 완벽하게 성공시킨다.

이스라엘에게는 보이지 않는 하나님의 손이 움직이고 있었다. 하나님께서 일어날 모든 일을 아시고 미리 계획하여 준비하신 것이다. 짧은 기간에 전쟁에서 승리하여 잃어버린 거룩한 약속의 땅을 다시 찾기 원하시는 하나님의 뜻이 있었다. 이스라엘은 참담한 패배가 아니라 오히려 전쟁사 중 가장 놀라운 승리를 거두게 되었다. 이것을 바로 '6일 전쟁'이라고 하는데, 6일 전쟁 결과 이스라엘은 예루살렘을 포함한 유대와 사마리아 지역(웨스트 뱅크), 가자지구, 골란고원과 시나이 반도를 회복하였다.

6일 전쟁은 하나님의 능력의 손이 유대인을 위해 움직이시는 것을 체험한 놀라운 사건이었다. 아랍 이슬람 지도자들이 유대인들을 멸절시키겠다고 공언했을 때, 또 한 번의 홀로코스트 같은 대학살이 임박한 것처럼 보였다. 엿새 동안 유대인들이 자신을 방어하며 적들을 무찌르고 영토를 3배로 늘리며 예루살렘을 이천 년 만에 처음으로 재점령하고 다스리는 기회를 가지게 된다. 전쟁이 끝나자마자 많은 사람들이 하나님이 직접 개입하시고 도우신 전쟁이었음을 깨달았다.

1967년 6일 전쟁(6. 5-6. 10)을 통해 예루살렘이 회복된 것은 하나님의 뜻이요 하나님의 섭리였다. 하나님은 1897년 테오도르 헤르츨을 통하여 유대 국가 건국을 주창하게 하셨다. 그리고 20년 뒤 1917년 밸푸어선언이 발표되게 하신다. 50년 뒤인 1947년 유엔에서 이스라엘 건국을 승인하게 하시고, 70년 뒤에 예루살렘을 회복하게 하셨다.

1897년	시온주의의회	시작
1917년	밸푸어 선언	20년
1947년	유엔 분리안 통과	50년
1967년	예루살렘 회복	70년

예루살렘 회복 과정 70년

하나님 주권 통치 역사관으로 볼 때 예루살렘 회복은 하나님의 작품이었다.

그들이 칼날에 죽임을 당하며 모든 이방에 사로잡혀 가겠고 예루살렘은 이방인
의 때가 차기까지 이방인들에게 밟히리라 (눅 21:24)

주후 70년	로마에 멸망(동로마 제국)
313-636년	비잔틴(서로마 제국)
636-1099년	아랍 이슬람(페르시아)
1099-1291년	십자군
1291-1517년	이집트 이슬람 맘루크 왕조
1517-1917년	오스만 터키 제국
1917-1948년	영국
1948년 5월14일	이스라엘 독립 (요르단과 분할 통치)
1967년-현재	예루살렘 회복(성전산을 내어 줌)

역사는 예루살렘 쟁탈전

1973년 대속죄일에 무방비 상태 속에 있는 이스라엘을 아랍연합군이 불시에 공격하였다. 이스라엘은 아랍연합군에 의해 거의 패망의 위기까지 몰렸지만 결국 또 다시 승리한다. 정규전에서 실패를 거듭한 주변 아랍국들은 게릴라 전법을 사용하는 팔레스타인 민중봉기의 전략으로 방향을 전환하였다. 그 이후 이스라엘의 민간인들을 겨냥한 테러를 오늘날까지 지속하고 있다.

점령인가 회복인가?

건국 후 70여만 아랍인 인구가 이동하였는데, 독립전쟁 기간 동안 피난

후 돌아오지 않고 있다. 비슷한 규모의 유대인들도 아랍 국가에서 추방당하여 수천 년간 살아온 터전에서 쫓겨났다. 아랍 국가들은 피난 아랍인들을 지금까지 난민 캠프에 방치하고 있다. 이스라엘은 피난 온 유대인들을 모두 수용했을 뿐 아니라 피난 가지 않은 아랍인들에게도 시민권을 부여했다. 이스라엘만큼 적들에게 둘러싸인 나라도 없다. 주기적 테러와 안보 위협에 처하고 있다. 유대인들은 자신의 나라를 가질 권리가 있다. 무엇보다도 하나님께서 그 땅에 대한 권리를 주셨기 때문이다.

1,900년 동안 강제로 뿔뿔이 흩어져 살던 민족이 옛 고향에 다시 돌아와 조국을 건설한 예는 역사상 존재하지 않는다. 오직 이스라엘 한 나라만이 그것을 이루었는데, 바로 하나님께서 선언하신 것이었기 때문이다(렘 30:3-11, 31:7-8).

역사학자든 사회과학자든 인본주의적 종교학자든 아무도 이 전무후무한 사건을 예측하거나 어떻게 이론적으로 설명할 수 없었지만, 인간적인 논리를 떠나 오로지 성경을 믿고 의존한 소수의 사람들은 정확히 예측할 수 있었다.

오늘날 크리스천들은 이렇게 눈앞에 벌어진 어마어마한 일들을 보았기 때문에 매우 큰 특권을 누리고 있는 셈이다. 에스겔 37:1-14에 예언된 것처럼 '마른 뼈'들이 모여서 나라가 재건되는 것을 목격하는 것이다.

반면에 사탄은 반유대주의를 지금도 진화시켜 가고 있다. 이스라엘의 파멸을 추구하는 BDS(Boycott, Divestment and Sanctions)운동은 이스라엘 상품 불매, 투자 회수, 제재를 가하자는 것이다.

이슬람 국가들에 둘러싸인 하나님 주신 작은 땅의 이스라엘

　한때 공산국가들이 세계 자유민주국가의 위협이 되었던 것처럼 현재 이스라엘 주위에 있는 이슬람 국가들은 이스라엘뿐만 아니라, 전 세계 자유민주국가의 위협이 되어 가고 있다. 그 국가들은 회교 원리주의자들이 정권을 잡음으로써, 전 세계를 회교로 개종시키려는 테러의 본거지가 되어 가는 것이다. 터키는 급속히 반이스라엘로 전환하며 러시아 및 이란과 결속하고 있다. 미국의 오바마 행정부는 몇 년 전, 이스라엘이 1967년 이전의 국가 경계로 돌아가도록 요구했다. 지금의 트럼프 정부는 친이스라엘 정책을 펼치며, 미 대사관을 예루살렘으로 옮기겠다고 공포했다.

　예루살렘은 유대인들이 약 삼천 년 전부터 나라를 세우고 살아온 이스라엘의 수도이다. 강대국의 점령으로 추방당한 동안에도 결코 포기하지 않고 사모하고 기도하고 기다려 왔다. 그리고 언제나 소수 사람들은 남아서 핍박과 고난 속에서도 고토를 지켜 왔다. 예루살렘은 여러 제국들이 정복하고 짓밟을 때도 항상 유대인들이 다수였다. 그곳에 종교의 자유와 평화가 보존된 것은, 유대인이 관할하던 시기밖에 없었다.

주후 70년에 이방 나라들로 추방된 유대 민족은 지난 1,900년 동안 예루살렘으로의 귀환과 유대 국가의 부활에 대한 믿음을 단념하지 않았다. 오늘날 이스라엘에서 발굴되는 유적은 그 땅에 존재하였던 유일한 국가인 이스라엘의 역사를 확증해 주고 있다.

현재 이스라엘의 건국은 역사성과 국제법을 따른 합법적인 건국이었다. 그리스도인들이 성경을 인정하지 않는 시류에 편승해서 이스라엘 건국을 점령이라고 말한다면 성경을 부인하고 하나님을 섭섭하게 하는 행동이 될 것이다.

1864년 공식문서에 의하면 당시 예루살렘에는 유대인이 최다수를 이루고 있었다. 1897년 스위스 바젤에서의 리더십 속에 가진 모임에서부터 본격적인 시온주의운동이 시작된다. 시온주의 120년의 역사는 아래와 같다.

1897년	스위스/바젤/시온주의 의회 (테오도르 헤르츨)
1917년	밸푸어선언-유대국가 건설 약속
1920년	산레모협정-유대인 거주국 건설 약속 (이스라엘의 마그나 카르타)
1922년	국제연맹 결의안 (영국에 유대국가 건설 권한 위임)
1924년	팔레스타인에 대한 영미조약
1939년-1945년	유대인 6백만-죽음
1947년	유엔 분할안 가결
1948년	이스라엘 건국- 1차 중동전쟁 (1948. 05-1949. 03)
1956년	수에즈전쟁
1967년	6일 전쟁 (6월 5-10일) 예루살렘 회복 (성전산 돌려줌)
1973년	욤 키푸르 전쟁
1948년 이후	아랍 테러리즘 (주변 국가들과 팔레스타인 단체들의 공식정책)
현재	반유대주의 진화 BDS운동 (이스라엘 상품 불매, 투자 회수, 제재)

시온주의 120년사 : 1917년-2017년

이스라엘 국가는 역사적, 외교적, 군사적으로 그리고 국제법상 그 땅에 존속할 합법성과 정당성을 가지고 있다. 그러므로 자유민주주의국가들은 이스라엘을 보호하고 지지하는 것이 정의로운 행동이다.

이스라엘은 중동지역에서 유일한 자유민주주국가요 법치국가이다. 모든 거주민이 법에 의하여 인간의 기본권을 보장받는 나라이다.

이스라엘을 지지하는 것이 바로 합법적인 정의의 편에 서는 것이다. 아브라함에게 '너를 축복하는 자에게는 내가 복을 내리고'(창 12:3)라고 약속하신 하나님의 말씀처럼 그것이 바로 개인이나 나라와 민족이 잘살고 복 받는 길이 될 것이다.

이스라엘의 영토 변화

1. 아브라함이 받은 약속의 땅 - 주전 2000년

2. 다윗과 솔로몬 왕국 - 주전 1000년

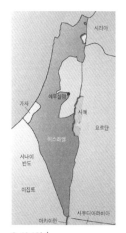

3. 1948년

4. 1967년

5. 현재

『신구약을 관통하는 성경지도』 말씀보존학회

미리 말씀하시는 하나님

주 여호와께서는 자기의 비밀을 그 종 선지자들에게 보이지 아니하시고는 결코
행하심이 없으시리라 (암 3:7)

성경만 예언에 호소하고 있다. 성경만이 하나님의 말씀이기 때문이다.
다른 모든 거짓 종교는 예언이 없다.

여호와께서 아브람에게 이르시되 너는 반드시 알라 네 자손이 이방에서 객이

되어 그들을 섬기겠고 그들은 사백 년 동안 네 자손을 괴롭히리니 그들이 섬기

는 나라를 내가 징벌할지며 그 후에 네 자손이 큰 재물을 이끌고 나오리라

(창 15:13-14)

전능하신 하나님은 출애굽을 미리 말씀하셨다. 이삭은 물론이고 이스
마엘도 태어나기 전, 적어도 630여 년 전에 예언하셨다. 이스라엘 자손들
이 애굽에서 사백 년을 괴롭힘 당하다가 하나님께서 열 가지 재앙을 행하
신 후에 많은 재물을 애굽 사람들에게서 얻어 나오게 된다. 예언은 하나님
이 역사를 어떻게 인도하고 계시는가를 우리들에게 나타낸다.

천지는 없어질지언정 내 말은 없어지지 아니하리라 (마 24:35)

성경에서 가장 중요한 인물인 예수님에 대한 크고 작은 예언은 예수님이 오시기 전 약 천 년에서 오백 년 이전에 기록된 것인데, 이는 역사 속에서 그대로 성취되었고, 또 되고 있다.

성경의 27%(구약 6,641/23,210구절, 신약 1,711/7,914구절)는 예언으로 구성되어 있다. 이는 과거와 현재, 그리고 미래의 '역사'를 직접적으로 다루고 있기 때문에, 성경의 진정성에 대하여 객관적인 평가의 기준으로 삼을 수 있다.

특별히 이스라엘에 관한 예언들을 정리하면 아래와 같다.

이스라엘과 예루살렘에 대한 예언들

- 400년간 애굽에서 괴롭힘을 당할 것이다(창 15:13)
- 애굽으로부터 많은 보화를 갖고 탈출할 것이다(창 15:14).
- 가나안 땅을 정복할 것이다(창 15:18).
- 예루살렘은 예배의 중심지가 될 것이다(신 12:11).
- 분열되고 내란의 고통을 겪을 것이다(왕상 11:31).
- 바벨론에서 70년을 보낼 것이다(렘 25:11, 29:10).
- 70년 후에 다시 예루살렘으로 돌아올 것이다(단 9:1-2).
- 끝내 세계만방에 흩어지게 될 것이다(신 28:25, 64; 레 26:33).
- 쫓겨 다니고 박해를 받을 것이다(신 28:65-67).
- 자기 나라의 주체성을 유지할 것이다(레 26:44, 렘 46:28).
- 세계 여러 나라 가운데서 고립될 것이다(민 23:9).
- 예루살렘과 성전은 파멸될 것이다(눅 19:41-44, 21:20).

- 예수 그리스도께서 재림하시기 직전에 다시 고토로 돌아올 것이다(신 30:3; 겔 36:24, 37:1-14, 38:1-39:29).
- 나라가 하루에 생기고 한순간에 태어날 것이다(사 66:8).
- 예루살렘은 이방인 때가 차기까지 이방인들에게 밟힐 것이다(눅 21:24).
- 열방이 예루살렘을 대적하기 위해 모인다(슥 12:3).
- 메시아가 당신의 백성들에게 초자연적으로 계시된다(슥 12:10).
- 메시아가 지상에 영광과 권능으로 재림하셔서 통치하신다(슥 12:4, 9).

이스라엘과 예루살렘에 관한 예언의 말씀에서 18개 중 15개는 이미 정확하게 성취되었다. 83% 성취되었으므로 나머지 17%도 반드시 이루어질 것이다. 논리적으로 남은 예언이 이루어진다고 믿고 말한다고 해서 결코 광신은 아닐 것이다.

성경 곳곳에 기록된 예언은 이스라엘이 그 역사와 나라가 망하고 1,900여 년 동안 전 세계를 돌며 유랑생활을 하는 것으로 성취된다.

이러한 일을 들은 자가 누구이며 이러한 일을 본 자가 누구이냐 나라가 어찌 하루에 생기겠으며 민족이 어찌 한 순간에 태어나겠느냐 그러나 시온은 진통하는 즉시 그 아들을 순산하였도다 (사 66:8)

1948년 5월 14일 극적으로 독립하여 국가를 수립한 현재의 이스라엘의 상황도 바로 이 말씀의 성취였다.

그들이 칼날에 죽임을 당하며 모든 이방에 사로잡혀 가겠고 예루살렘은 이방인

의 때가 차기까지 이방인들에게 밟히리라 (눅 21:24)

1967년 6일 전쟁에서 러시아의 도움으로 무장된 주변 3개국들의 공격 앞에서도 예루살렘은 오히려 기적같이 회복되었다. 이는 하나님 말씀의 성취였다.

하나님께서 에스겔 선지자에게 보여 주신 내용도 하나님께서는 계속 이스라엘 역사 속에서 이루어 나가고 계시고, 종래는 완성하실 것이다.

1단계	에스겔 36:24	고국 땅으로 돌아옴	민족적 회복
2단계	에스겔 36:25	맑은 물로 정결케 함	영적 회복(회개)
3단계	에스겔 36:26-27	새 영과 새 마음을 받음	영적 회복(성령)
4단계	에스겔 36:28	하나님과 백성 관계 회복	관계 회복
5단계	에스겔 36:34-35	황폐한 땅이 에덴 동산같이	땅의 회복
6단계	에스겔 37:17	둘이 하나가 되리라	국가 회복
7단계	에스겔 37:24-28	다윗이 영원히 그들의 왕이 됨	메시아 왕국

에스겔이 본 이스라엘 회복 7단계

지난 한 세기 동안 1단계(민족적 회복)에 엄청난 진전이 있었다. 1880년대부터 시작된 귀환 물결이 끊이지 않아 1948년 건국 당시 이스라엘 땅에 거주한 유대인들이 약 65만 명에서 현재 10배가 되는 약 650만 명이 살고 있다.

2-4단계(영적 회복/관계 회복)가 꾸준히 일어나고 있다.

회개하고 새 영을 받아 새 마음으로 하나님을 섬기는 믿는 유대인들의 숫자가 계속 늘고 있다. 1967년 6일 전쟁 당시 믿는 유대인의 수가 150명 정도였다. 그러나 현재 믿는 유대인의 수는 크게 잡으면 약 3만 명 정도이고, 교회도 가정교회를 포함 약 350개에 달한다. 믿는 유대인들의 수가 기하급수적으로 늘고 있는 것이다.

5단계(황폐한 땅의 회복)가 이루어져 가고 있다.

이스라엘이 멸망당한 이후, 팔레스타인 땅은 이 예언대로 황폐한 곳이었다. 마크 트웨인은 1860년대에 팔레스타인을 방문한 후 1987년 그곳은 '살아 있는 생명체가 없는 황폐한 땅'이라고 말했다. 그 어디에서도 초목을 볼 수 없었으며, 침식, 악화되는 지역, 말라리아의 습지대뿐이었다고 언급하고 있다. 20세기가 되기 전까지 그 땅에 사는 사람은 소수의 유랑하는 유목민을 제외하고는 거의 없었다. 상식적으로 이렇게 황폐한 땅이 옥토가 될 것으로 상상할 수 있는 사람은 아무도 없을 것이다. 아이러니하게도 황폐했기 때문에 유대인들이 돌아와 살 수 있었다. 이 황무지가 옥토로 변할 것이라고 2500여 년 전 에스겔이 예언한 바 있지만 너무나 황당하게만 생각되었던 이 예언은 현재 그대로 이루어졌다.

이스라엘 땅이 옥토로 변화되어 가고 있다. 유대인 정착민들과 방문객들이 수억 그루의 나무를 심어 삼림이 울창하다. 100년 전과 비교해 지금은 4억 5천 그루의 나무가 더 많아졌다. 습지대에서는 물을 빼내었으며 모래언덕은 초목으로 단단해졌고 토질은 개량되었으며, 방대한 관개 사업이 추진되었다. 1930년대 2백만이 살 수 있는 수자원에서 오늘날 담수화 및 관개농업기술을 통해 동일한 수자원으로 1,200만 명을 살릴 수 있게 되었다. 여기에 더해 이웃 국가들에게 물과 물 관련 기술까지 수출하고 있다. 농업은 현대화되어 현재 이스라엘은 세계 제2의 포도산물 생산국이고, 이스라엘의 오렌지는 세계적으로 유명하다. 뿐만 아니라, 여러 종류의 과일들이 막대한 양의 채소와 아울러 재배되고 수출되고 있다. 매해 옥수수와 밀밭이 남쪽 사막지대로 계속 확장되고 있다. 최근에는 첨단기술로 농업 생산성을 1200% 올리고 있다. 척박한 환경을 첨단기술기반 농업으로 극복하고 있다. 또한 천연가스의 새로운 발견으로 이스라엘에서 25년 이상 지속 사용할 수 있게 됨과 동시에, 매년 수출까지 하게 되었다.

오늘 우리가 살고 있는 이 시대에 이루어진 예언이다. 2000년 전이나 지금이나 성경의 내용은 일점일획도 변하지 않는 것은 분명한 사실이다. 아무리 억지로 부인하려고 노력을 해도 도무지 부인을 할 수 없을 정도로 명확하게 예언이 성취되었다.

6단계(국가 회복)가 이루어졌다.

그 막대기들을 서로 합하여 하나가 되게 하라 네 손에서 둘이 하나가 되리라 (겔 37:17)

이러한 일을 들은 자가 누구이며 이러한 일을 본 자가 누구이냐 나라가 어찌 하루에 생기겠으며 민족이 어찌 한 순간에 태어나겠느냐 그러나 시온은 진통하는 즉시 그 아들을 순산하였도다 (사 66:8)

1948년 5월 14일 독립을 선언할 때 '유다'가 아니라 '이스라엘'로 명명한 것은 하나를 지향하는 선택이었다.

마지막 7단계인 다윗의 후손 예수님께서 오셔서 메시아 왕국을 이루시고 유대인의 왕이요 만왕의 왕으로 통치하실 날이 가까워 오고 있다.

왜 성전이 필요한가

유다 왕국은 북이스라엘 왕국이 B.C. 722년에 앗수르 군대에 의해 멸망당한 이후에도 약 140년간을 존속했다. 하지만 바벨론 군대가 제3차 침략을 감행하여 예루살렘을 포위하자 약 1년 6개월간의 저항 끝에 결국 B.C. 586년 함락되고 만다. 이로 인해 성전이 약탈당함으로 신정왕국이었던 다윗 왕조의 유다는 시드기야를 마지막으로 종지부를 찍게 된다.

므낫세의 악행에 대한 진노의 심판은 갈대아 군대에 의해 예루살렘 성벽에 구멍이 뚫리고 모든 군사들이 도망하는 데서부터 시작된다. 바벨론 군사는 도망가는 시드기야를 잡아 그의 목전에서 아들들을 죽인 후 두 눈을 뽑고 결박하여 바벨론으로 끌고 간다. 이런 비극은 예레미야 선지자의 경고에도 불구하고 하나님의 뜻을 따르지 않았기 때문이다. 거짓 선지자들의 감언이설을 받아들인 시드기야의 어리석음의 결과였다(왕하 25:1-7).

바벨론 시위대장 느부사라단이 예루살렘에 이르러 예루살렘의 성전과 왕궁과 모든 집을 불사르고 성벽을 파괴한 후 비천한 국민들만 그 땅에 남게 하고 모든 백성을 사로잡아 바벨론으로 끌고 간다. 예루살렘의 영광을 나타내었던 모든 건물들이 파괴되고 불타 버리는 모습은 환난 날에 결코 건물로써의 성전이 그들을 보호해 주지 못함을 보여 주는 것이다.

성전의 기구들이 갈대아 군사에 의해서 바벨론으로 옮겨질 것이라는 사실은 선지자들로부터 예언된 것이다(렘 27:19-22). 바벨론의 시위대장은 하나님의 전에 있는 놋 기둥, 받침, 놋 바다를 깨뜨려 성전에 있는 놋, 은과 함께 가져간다. 성전에서 봉사하던 대제사장을 비롯하여 성중에 있는 사람들이 붙잡혀 립나로 끌려가 바벨론 왕 앞에서 죽임을 당한다.

에스라 3장에 의하면 포로에서 돌아온 유다 백성들이 스룹바벨과 예수아를 중심으로 하나가 되어 새 성전의 기초를 놓을 때에 이스라엘의 하나님을 찬송한다. 큰 죄악으로 인하여 바벨론에 잡혀갔던 그들은 이제 하나님의 약속대로 해방되어 예루살렘으로 돌아오게 되었다. 택한 백성을 향한 하나님의 선하심과 신실하심은 결코 중단되는 법이 없다는 사실을 확실히 깨닫고, 감격에 차서 노래하였다. 오랜 포로 생활로 극도로 피폐해진 대다수 백성들의 심령은 황폐한 고토에 놓인 성전의 기초를 바라보는 순간 막혔던 봇물이 터지듯 벅찬 감동과 환희를 발하였으나, 옛 성전의 영화를 직접 목격했었던 노인들은 실망과 회한의 눈물을 뿌렸다. 이렇듯 상반된 감정 속에서 시작된 성전 재건의 사역은 대적들의 방해와 게으름의 벽에 부딪쳐 지체되었다.

그러나 이스라엘의 하나님께서 고레스 왕의 조서가 발견되게 하시고 다리오 왕의 명령을 좇아 마침내 성전은 완공이 된다.

고레스 왕의 조서가 왕의 휴양 별궁이었던 '악메다'궁의 문서 창고에서 발견되었다. 그 궁은 메데 지방에 있었는데, 해발 1,800m의 매우 고지에 위치해 있었기 때문에 두루마리를 보관하기에 적합한 장소였던 것으로 생각된다. 문서 창고란 왕궁의 문헌 보관소로, 보물들도 그곳에 함께 두었다 (스 6:1-5).

다리오 왕은 고레스의 조서 내용을 재확인하여 성전 건축을 절대로 방해하지 못하도록 했다. 뿐만 아니라 건축에 필요한 경비와 보물들을 닷드내 총독이 관리하는 왕의 세금에서 공급해 주도록 했다. 결국 닷드내는 성전 건축을 간섭하려 했다가 도리어 자신의 수입에서 일부를 내어 주어야 하는 처지가 되고 말았다. 다리오는 하나님께 드릴 번제물을 날마다 공급하게 했는데, 이를 통해 제사장들이 자신과 아들들을 위해 기도하도록 하여 축복 받기 원했다.

제2성전이 완공된 사건을 통하여 하나님의 뜻은 하나님의 섭리로 이루어진다는 것을 깨닫는다. 그러므로 어떤 난관에 봉착하든지 하나님의 섭리의 손길을 바라보는 굳건한 믿음의 눈이 흐려지지 않도록 조심해야 한다.

하나님의 일은 하나님 사람들의 사역을 통하여 이루어진다. 반대자들의 훼방까지도 하나님께서는 합력하여 유익이 되게 하신다. 제3성전 건립도 같은 원리와 방법으로 하나님께서 친히 하실 것이다.

하나님이 준비하신 땅(창 22:14)을 다윗은 점령했고 그곳에서 번제와 화목제를 드렸다. 다윗은 준비했고 솔로몬은 제1성전을 지었다. 제1성전은 주전 586년 아브월 9일째에 바벨론에 의해 파괴되었다. 제2성전은 주전 516년에 지어졌고, 로마가 46년째 복원 및 확장을 했을 때 예수님이 방문하시고 성전을 청결케 하셨다. 제2성전은 주후 70년, 제1성전과 같은 날인 아브월 9일째 파괴된다. 예수님이 말씀하신 것처럼 돌 하나 돌 위에 있지 않을 정도로 로마에 의해 철저하게 파괴되었다. 신앙심 깊은 유대인들은 성전 파괴일에 크게 슬퍼하며 금식하며 기도한다. 이후 성전 재건을 위하여 유대 회당에서 매일 기도하였다.

예루살렘 성전이 서 있던 곳으로 믿고 있는 자리에 주후 691년 무슬림들은 바위 돔 사원을 짓고 751년에 알악사 사원을 지어 지금까지 성전산을 차지하고 있다.

현재도 제3성전 건립을 위해 열심히 기도하며, 어떤 핍박도 각오하고 준비하고 있는 사람들이 있다. 성전 건축을 위해 성전 기구를 포함한 거의 모든 것을 준비하고 제사장들을 훈련시키고 제사장 옷을 제작했다. 때가 오면 바로 건축할 수 있는 준비를 하고 있는 것이다. 게다가 최근 고고학자들의 조사와 연구 결과에 의하면 솔로몬 성전이 현 위치보다 북쪽에 위치한다는 북쪽학설이 설득력을 얻고 있다. 바위 돔사원이나 알악사 사원과 상관없이 성전을 지을 수 있다는 것이다.

에스겔 선지자는 환상 가운데 미래에 세워질 성전을 보았다(겔 40-48장). 성경에 기록된 에스겔이 본 성전은 어떤 부분보다도 해석의 차이가 많다. 성경을 문자 그대로 해석하는 것과 영적 · 비유적으로 해석하는 것에는 큰 차이가 있기 때문이다. 에스겔이 본 성전은 주님의 재림과 관련하여 마지막 때에 세워질 성전이라고 믿는다. 그러나 제사의식은 이미 행하실 일을 기념하는 것이나 과거의 예배 규정에 따라 미래의 예배에 대해 설명하는 것으로 본질적으로 성취되는 것이라고 본다. 미래의 성전은 예수님께서 말씀하신 대로 '만민이 기도하는 집'일 것이다(사 56:7; 막 11:17).

무엇보다도 중요한 것은 이곳이 '여호와삼마'(여호와께서 거기 계시다)라고 불리는 장소라는 것이다(겔 48:35). 이 성전이 그렇게 중요한 것은 하나님께서 계시기 때문이다.

교회를 상징하는 부분이나 비유적인 부분도 나오는 것이 분명하나 문자적으로 예루살렘에 지어질 성전을 묘사한다는 것을 놓치면 안 될 것이다. 이 성전은 예수님께서 이 땅을 다스리시는 천 년 동안 사용하실 것이다.

> 많은 백성이 가며 이르기를 오라 우리가 여호와의 산에 오르며 야곱의 하나님의 전에 이르자 그가 그의 길을 우리에게 가르치실 것이라 우리가 그 길로 행하리라 하리니 이는 율법이 시온에서부터 나올 것이요 여호와의 말씀이 예루살렘에서부터 나올 것임이니라 (사 2:3)

> 예루살렘을 치러 왔던 이방 나라들 중에 남은 자가 해마다 올라와서 그 왕 만군의 여호와께 경배하며 초막절을 지킬 것이라 (슥 14:16)

가장 중요한 본질은 하나님께서 땅 위에 있는 이 성전에 임재하시고 그

곳에 함께 거하신다는 것이다.

여호와의 절기를 맡은 민족은 이스라엘이고, 이 절기를 지킬 장소는 아브라함 때부터 계시되었다. 그 이후로 모세를 통해 반복하여 가르쳐 주셨으며 다윗을 통해 점령하시고 솔로몬을 통해 성전을 짓게 하신 예루살렘이다.

절기(feast)라는 단어는 히브리어로 모에드(moed)로서 약속, 계절, 회중, 집회, 신호, 예행연습을 의미한다. 하나님께서 이스라엘에게 주신 봄의 절기는 유월절 초실절 오순절이다.

봄의 절기는 초림의 예수님을 상징하는 것으로 예수님께서 오심으로 이미 성취되었다. 유월절 양으로 죽으셨고 초실절에 부활하시고 오순절에 약속하신 성령님을 보내 주셨다. 주님 초림 때까지 예행연습을 하다가 때가 차매 주님 오셔서 성취시킨 것이다.

주님의 재림을 상징하는 가을의 절기로 나팔절 대속죄일 초막절이 있다. 가을의 절기는 주의 재림을 상징하는 절기로 지킴으로 일종의 예행연습을 하는 것이다. 그렇기 때문에 주님 오시기 전에 유대인들은 모여야 하고 성전에서 절기를 지켜야 한다. 하나님께서 유대인들을 약속의 땅으로 모으시는 것도 결국 절기를 회복시켜 주님의 재림을 예행연습을 시키기 위함이다. 절기를 통해 예행연습을 시키시고 주님 오셔서 성취하시는 것이다. 결국 초막절의 주인이신 만왕의 왕 예수님께서 오셔서 천년왕국을 다스릴 것이다.

신구약성경은 앞으로 예루살렘에 세워질 성전에 관하여 말씀하고 있다. 그리스도인에게 있어서는 다시 죄를 위하여 제사드릴 것이 없고(히 10:18) 자신이 하나님의 성전이다(고전 3:16). 그러면 제3성전이 누구에게 필요한 것인가?

한때 저자는 제3성전 이야기가 참 불편하게 들렸다. 그러나 생각을 달리해 볼 때, 예루살렘 제1성전(주전 959년-586년)과 제2성전(주전 516년-주후 70년)이 959년간 존재했다. 그리고 예수님 부활 승천 후 성령강림으로 시작된 교회와 성전은 함께 약 40년간 존재했다. 초대교회 성도들은 성전에 모이기를 힘썼다(행 2:46). 경건한 유대인들은 하루 세 번 성전에 올라가 기도드렸다. 베드로 요한도 성전에 기도하러 올라가다가 나면서 못 걷게 된 이를 예수님 이름으로 고쳐 주었던 것이다(행 3:1, 행 3:6-10). 많은 사람이 모이므로 복음을 전파할 수 있는 좋은 기회도 되었다. 앞으로 성전이 세워지고 주님 오실 때까지 교회와 함께 존재한다고 해서 불편할 필요는 없다. 그곳에 가서 주님 오실 때까지 복음을 전할 수 있을 것이다.

결과적으로 정통파 유대인들만 필요한 것인가? 아니다. 하나님이 필요하시기 때문에 그리스도인들에게도 필요한 것이다. 제3성전에 관하여 신실하신 하나님께서 말씀하시기 때문이다. 성경이 적어도 네 곳에서 구체적으로 기록하고 있기 때문이다.

그러므로 너희가 선지자 다니엘이 말한 바 멸망의 가증한 것이 거룩한 곳에 선 것을 보거든 (읽는 자는 깨달을진저) (마 24:15)

그가 장차 많은 사람들과 더불어 한 이레 동안의 언약을 굳게 맺고 그가 그 이레의 절반에 제사와 예물을 금지할 것이며 또 포악하여 가증한 것이 날개를 의지하여 설 것이며 또 이미 정한 종말까지 진노가 황폐하게 하는 자에게 쏟아지리라 하였느니라 하니라 (단 9:27)

누가 어떻게 하여도 너희가 미혹되지 말라 먼저 배교하는 일이 있고 저 불법의 사람 곧 멸망의 아들이 나타나기 전에는 그 날이 이르지 아니하리니 그는 대적하는 자라 신이라고 불리는 모든 것과 숭배함을 받는 것에 대항하여 그 위에 자기를 높이고 하나님의 성전에 앉아 자기를 하나님이라고 내세우느니라 (살후 2:3-4)

또 내게 지팡이 같은 갈대를 주며 말하기를 일어나서 하나님의 성전과 제단과 그 안에서 경배하는 자들을 측량하되 성전 바깥 마당은 측량하지 말고 그냥 두라 이것은 이방인에게 주었은즉 그들이 거룩한 성을 마흔두 달 동안 짓밟으리라 (계 11:1-2)

위에 기록된 일이 일어나기 위해서는 예루살렘에 제3성전이 세워져야 한다. 하나님은 말씀하신 바를 반드시 행하시기 때문이다(민 23:19; 암 3:7). 말씀대로 적그리스도는 나타날 것이고 유황불 못에 던져질 것이다. 성전은 적그리스도의 덫이 될 것이다.

위의 말씀들과 지금의 현지 이스라엘 사람들의 반수 이상이 원하고 있고 적극적인 자들이 만난을 배제하고 제3성전 건축을 준비하고 있음을 볼 때에 성전이 다시 재건되며 적그리스도가 출현할 것이다. 그리고 말씀대로 그리스도께서 오셔서 말씀대로 적그리스도를 폐하실 것이다(살후 2:8; 계 19:20).

한 새 사람

초대교회 교인들은 대부분 유대인들이었다. 유대인 예수님은 유월절 양으로 죽으셨고 초실절에 부활하시고 그리고 승천하신 후 오순절에 성령님을 보내 주셨다. 성령님을 받은 유대인들 중심으로 교회가 시작되어 성전에 모이기를 힘쓰며 집에서도 모였다(행 2:46). 유대인 사도들을 통해 복음이 전해졌다. 교회의 뿌리는 이스라엘이며 교회는 이스라엘과 끊을 수 없는 연합 속에 시작되고 자라갔다.

사도행전 10장에서 이방인 로마 백부장 고넬료와 친척과 가까운 친구들이 성령님을 부어 주심을 체험하고 방언을 하고 하나님을 높인다. 사도행전 11장에서 이방인의 집에 들어가서 머물다 온 베드로와 그 일행을 할례받은 유대인 신자들이 반박하고 지적한다. 그 때에 베드로는 간증을 하게 된다. 베드로는 환상을 본 이야기와 하나님의 지시에 순종하였을 때에 성령님이 자기들에게 나타나심 같이 이방인에게도 나타났음을 고백한다. 유대인들은 자기들에게만 구원이 있는 줄 알고 있었는데 이방인에게도 구원이 있음을 알게 된다. 사도행전 15장에서 바울과 바나바가 안디옥 교회에서 예루살렘 총회에 와서 이방 선교를 보고할 때에 베드로는 이방인 구원을 위해 일하는 그들을 변호해 주고 예루살렘 총회는 이방인 신자들을 위해 요긴한 것 외에 짐을 지우지 않음으로 이방인 선교의 문을 열어 준다 (행 15:28-29).

야고보는 이스라엘과 유다의 남은 사람들과 주의 이름으로 일컬음을 받는 모든 이방인들이 한 새 사람을 이루어야 함을 구약의 선지자들도 예언해 왔음을 말한다.

> 하나님이 처음으로 이방인 중에서 자기 이름을 위할 백성을 취하시려고 그들을 돌보신 것을 시므온이 말하였으니 선지자들의 말씀이 이와 일치하도다 기록된 바 이 후에 내가 돌아와서 다윗의 무너진 장막을 다시 지으며 또 그 허물어진 것을 다시 지어 일으키리니 이는 그 남은 사람들과 내 이름으로 일컬음을 받는 모든 이방인들로 주를 찾게 하려 함이라 하셨으니 즉 예로부터 이것을 알게 하시는 주의 말씀이라 함과 같으니라 (행 15:14-18)

바울은 너와 나 사이에 모퉁잇돌이 되시고 믿는 유대인과 믿는 이방인 사이에 모퉁잇돌이 되신 예수님 안에서 함께 상속자가 되고 함께 지체가 되고 함께 약속에 참여하는 자가 되는 비밀을 깨달았다(엡 2:20, 3:6, 3:9).

마지막 때에 이스라엘과 유다의 남은 자와 이방인 중에서 하나님의 이름을 위한 백성들 즉 예수 그리스도인으로 일컬음을 받는 모든 유대인들

과 이방인들이 한 새 사람을 이루어 모퉁잇돌 되신 예수님 안에서 교회가
완성되는 것이다.

> 너희는 사도들과 선지자들의 터 위에 세우심을 입은 자라 그리스도 예수께서
> 친히 모퉁잇돌이 되셨느니라 (엡 2:20)

> 이는 이방인들이 복음으로 말미암아 그리스도 예수 안에서 함께 상속자가 되고
> 함께 지체가 되고 함께 약속에 참여하는 자가 됨이라 (엡 3:6)

> 영원부터 만물을 창조하신 하나님 속에 감추어졌던 비밀의 경륜이 어떠한 것을
> 드러내게 하려 하심이라 (엡 3:9)

'주는 그리스도시요 살아 계신 하나님의 아들이시니이다'(마 16:16)를 고
백하는 베드로에게 '너는 베드로라 내가 이 반석 위에 내 교회를 세우리니
음부의 권세가 이기지 못하리라'(마 16:18)라고 하셨던 주님께서 우리 한 사
람 한 사람이 새 사람이 되고 믿는 유대인은 이방인 구원을 위해서, 믿는
이방인들은 유대인 구원을 위해 기도하고 섬기고 사랑하며 복음을 전하여
한 새사람을 이루어 가야 한다. 이것이 그리스도의 몸인 교회의 완성이요,
만왕의 왕이 되시는 예수님의 구원 계획으로 예정하신 뜻이다.
이방인 고넬료가 성령님의 부어 주심을 경험하는 것으로 시작하여, 이
방인의 사도로 부름 받은 바울(행 9:15)을 중심으로 본격적인 이방인의 때가

열려 간다.

이 천국 복음이 <u>모든 민족</u>에게 증언되기 위하여 온 세상에 전파되리니 그제야
끝이 오리라 (마 24:14)

형제들아 너희가 스스로 지혜 있다 하면서 이 신비를 너희가 모르기를 내가 원
하지 아니하노니 이 신비는 <u>이방인의 충만한 수</u>가 들어오기까지 이스라엘의 더
러는 우둔하게 된 것이라 <u>그리하여 온 이스라엘이 구원을 받으리라</u> 기록된 바
구원자가 시온에서 오사 야곱에게서 경건하지 않은 것을 돌이키시겠고
(롬 11:25-26)

이방인의 충만한 수가 들어와야 온 이스라엘이 구원을 받게 되는 것이
다. 지난 2016년 6월 미국 캘리포니아 아주사퍼시픽대학에서 한인세계선
교대회가 있었다. 그때에 YWAM 대표인 로렌 커닝햄(Loren Cunningham)
목사는 구글 번역기 발달로 짧은 시간 안에 모든 종족의 언어로 성경이 번
역될 것이라고 하였다. 또 위클리프 성경번역 선교회와 미전도종족 전도
협회에서 모든 종족에게 2025년 안에 복음이 전해질 것이라고 말한다고
했다. 빠르면 2020년까지 모든 언어로 복음서가 번역될 것이라고 했다.
이방인의 때가 차가고 있는 것이다.

예루살렘이 모든 매스컴의 일면을 차지할 때가 많다. 성경의 말씀이 이
루어지는 것을 보는 시대이다. 성경 예언의 말씀들이 역사 속에서 성취되

고 증명되고 있다. 이스라엘이라는 나라가 없어졌고 존재하지 않는데 어떻게 이스라엘이 구원을 받을 수 있겠는가? 이스라엘이 회복되고 이방인의 때가 차면 예루살렘이 회복된다(눅 21:24)고 하신 예수님의 말씀이 이루어져야 한다. 이스라엘이라는 나라가 온전히 회복되고 그 나라의 수도인 예루살렘이 온전히 회복되어야 한다.

보라 너희 집이 황폐하여 버려진 바 되리라 내가 너희에게 이르노니 이제부터 너희는 찬송하리로다 주의 이름으로 오시는 이여 할 때까지 나를 보지 못하리라 하시니라 (마 23:38-39)

위의 예언의 말씀이 이루어지려면 유대인들이 예루살렘에 다시 돌아와서 '찬송하리로다 주의 이름으로 오시는 이여'라고 부르며 예수님을 믿고 기다려야 한다. 성경적으로 이 모든 말씀이 이루어져 가고 있다. 오늘날 예루살렘 땅에 예수님을 믿는 유대인들이 감람산에 모여서 '찬송하리로다 주의 이름으로 오시는 이여'(바룩 하바 베셈 아도나이)를 부르며 14만 4천의 첫 열매가 차기를 기다리면서 나팔절을 지키고 있다.

예루살렘에서 전파가 시작된 복음이 서진하여 둥근 지구를 한 바퀴 돌아왔다. 그러나 세계는 예루살렘을 이스라엘 수도로 인정하려 하지 않고 있다. UN은 성경말씀 속에서 사라진 팔레스타인(블레셋)에게 동예루살렘을 그들의 수도로 인정하라고 한다.

예루살렘은 단 한 번도 블레셋이나 어느 나라의 수도가 된 적이 없다.

다윗이 여부스 족속을 물리치고 이스라엘의 수도로 삼고 33년을 통치하던 곳으로 유다 왕국의 수도였다. 예수님은 이스라엘의 수도 예루살렘을 두고 예언하시며 오늘 우리에게 징조로 보고 깨어 있도록 말씀하신 것이다.

법조문으로 된 계명의 율법을 폐하셨으니 이는 이 둘로 자기 안에서 한 새 사람을 지어 화평하게 하시고 (엡 2:15)

믿는 유대인과 믿는 이방인이 연합된 온전해진 성도의 무리, 즉 한 새 사람을 이루어 그리스도의 신부로서 주님을 맞이해야 한다.

미래에 있을 예루살렘 전투

앞으로 예루살렘에 처절한 전투가 있을 것이다. 예루살렘에 관한 예언이 역사적인 성취로 증명될 것이다.

스가랴 12장에 보면 우주의 왕이신 전능하신 하나님께서 '내가 이렇게 하겠노라'라는 수행언어를 여러 차례 사용하고 계신다. 주님 오심을 사모하며 오실 길을 열심히 준비하고 있는 그리스도인들에게는 참으로 중요한 말씀이 아닐 수 없다.

전능하신 하나님은 반드시 이루실 것이기 때문이다. 하나님이 직접 하신 말씀들을 영적으로 바꾸어 버리거나 상징으로 만들면 안 된다. 이들은 매우 중요하고 구체적이고 확실히 성취될 예언적 진리들이다. 종말이 이르러 많은 나라들이 예루살렘을 정복하러 쳐들어올 것이다. 이 전쟁은 하루 동안에 끝나는 그런 전쟁이 아니라 그리스도의 재림과 아마겟돈 전쟁을 포함한 큰 전쟁의 한 부분이다.

예루살렘은 또 다시 여러 민족에게 공격을 받게 될 것이다.

> 내가 예루살렘으로 그 사면 모든 민족에게 취하게 하는 잔이 되게 할 것이라
> (슥 12:2)

이스라엘을 멸망시키고자 하는 지나친 집착 때문에 이 나라들은 심리적으로 흥분하여 무분별하고 판단력을 잃고 비틀거릴 것이다. 우리는 이미 중동 지역의 여러 나라들이 이스라엘에 대해 적대감으로 취해 있는 상태에 있음을 알고 있다. 예루살렘은 국제 정치의 최고 갈등과 논쟁의 장소이다.

1) 유엔 : 이스라엘 수도 결정에 대한 수용 불가
2) 교황 : 삼대종교(유대교, 기독교, 이슬람교) 성지 ⇒ 국제화
3) 오바마 대통령 : 6일 전쟁 이전 국경으로 돌아가야 한다.
4) 이슬람 국가들 : 다수가 이스라엘의 존재 권리를 인정하지 않는다.
5) 이슬람 지하드 : 이스라엘의 멸망을 목표로 하고 있다.
   (이란/하마스/헤즈볼라/보코하람/ISIS)

6) 팔레스타인 : 고대 예루살렘 땅 전부를 팔레스타인의 수도로 원하고 있다.

7) 세속적 인본주의자들 : 다수가 이스라엘을 불법 국가라 인식한다.

8) 트럼프 대통령 : 미국대사관을 예루살렘으로 옮기겠다는 공약을 내세웠다.

하나님을 대적하는 사면 모든 세력들이 예루살렘을 공격할 것이다.

> 내가 이방 나라들을 모아 예루살렘과 싸우게 하리니 성읍이 함락되며 가옥이
> 약탈되며 부녀가 욕을 당하며 성읍 백성이 절반이나 사로잡혀 가려니와 남은
> 백성은 성읍에서 끊어지지 아니하리라 (슥 14:2)

하나님의 백성을 전복하려는 역사상 가장 무섭고 처절한 공격을 예루살렘이 받게 된다. 혹자는 본문이 주후 70년에, 로마의 디도 장군에 의해 이루어졌다고 본다. 그러나 이방 나라들이지 로마가 아니다. 하나님께서는 이 일을 작정하시고 이루실 것이다. 하나님께서는 징벌 중에도 남은 자들을 구원해 주실 것이다. 이것은 하나님의 전적인 긍휼과 은혜요 여기에 하나님의 구원이 있다.

> 그 날에는 내가 예루살렘을 모든 민족에게 무거운 돌이 되게 하리니 그것을 드
> 는 모든 자는 크게 상할 것이라 천하 만국이 그것을 치려고 모이리라 (슥 12:3)

모든 민족들은 예루살렘을 공격하지만 하나님의 심판으로 이방의 대적

들이 비틀거리게 되고 상하게 되어 결국 멸망할 것이다.

성경에 예수님은 여러 번 돌에 비유되셨다. 다니엘서 2장에 느부갓네살왕의 꿈에서 거대한 신상의 발을 쳐서 '부숴 버리는 돌'이 바로 그리스도이다. 이 신상은 이 세상을 정복하는 권세를 의미하며 결국 신상 전체가 부서져 버린다(단 2:34-35).

교회에게는 모퉁잇돌(엡 2:20; 벧전 2:6)이며 이스라엘에게는 걸려 넘어지는 돌(사 8:14; 벧전 2:8)이라고 하였다. 스가랴서에는 그를 무거운 돌이라고 하였다. 모든 민족에게 무거운 돌이 되게 하실 것이며, 그것을 드는 자들이 크게 상할 것이다. 예루살렘을 핍박한 자들은 어지러워 비틀거리고 크게 상함을 입을 것이다.

> 내가 모든 말을 쳐서 놀라게 하며 그 탄 자를 쳐서 미치게 하되 (슥 12:4)

하나님께서는 열국의 군대를 무능하고 무력하게 만드실 것이다. 그들이 다양한 가공할 무기들을 사용하지만 군사들은 당황하며 미칠 것이다. 그러나 하나님께서는 이스라엘 백성들을 돌아보시고 그들에게 힘을 주시고 마침내 그들로 승리케 하실 것이다.

> 그 날에 내가 유다 지도자들을 나무 가운데에 화로 같게 하며 곡식단 사이에 횃
> 불 같게 하리니 그들이 그 좌우에 에워싼 모든 민족들을 불사를 것이요 예루살
> 렘 사람들은 다시 그 본 곳 예루살렘에 살게 되리라 (슥 12:6)

하나님은 유다 지도자들을 강하게 하여 마치 '화로'와 같고 '횃불'과 같게 하실 것이다. 화로와 횃불은 불을 상징하고 나아가 추수 뒤에 마른 잡초들을 태워 버리듯이 하나님의 강한 힘으로 적들을 불태워 버릴 것이다. 그리하여 다시 예루살렘은 회복될 것이다.

그 날에 여호와가 예루살렘 주민을 보호하리니 그 중에 약한 자가 그 날에는 다윗 같겠고 다윗의 족속은 하나님 같고 무리 앞에 있는 여호와의 사자 같을 것이라 (슥 12:8)

다윗은 이스라엘의 가장 위대한 전사였다. 그중 약한 자가 마치 다윗같이 강할 것이다. 다윗의 족속은 하나님이 보호하심으로 누구도 당할 수 없는 하나님의 군대처럼 강할 것이다.

예루살렘을 치러 오는 이방 나라들을 그 날에 내가 멸하기를 힘쓰리라 (슥 12:9)

하나님께서는 예루살렘을 공격하러 오는 이방 나라들을 친히 멸하시고 예루살렘 거민을 보호하실 것이다.

내가 다윗의 집과 예루살렘 주민에게 은총과 간구하는 심령을 부어 주리니 그들이 그 찌른 바 그를 바라보고 그를 위하여 애통하기를 독자를 위하여 애통하듯 하며 그를 위하여 통곡하기를 장자를 위하여 통곡하듯 하리로다 (슥 12:10)

하나님께서 이스라엘을 공격하는 이방 나라 군대들을 멸하시는 장면을 보면서 예루살렘 주민의 심령에 은혜가 임할 것이다. 그동안 이방인의 수가 차기까지 복음에 눈이 가려져 있었던 유대인들을 하나님께서 보게 하시는 때인 것이다.

바로 그 순간에 이루 표현할 수 없는 감동을 느끼게 될 것이다. 마지막 때 감긴 눈을 뜨게 되면서 예수님을 바라보며 깨닫게 될 것이다. 지금 이 순간까지 그들에게서 나왔고 그들의 선지자들이 기록한 메시아인 다윗의 후손 그들의 왕을 이천 년 동안 거부해 왔던 것이다. 비로소 그들이 거부한 그가 누구인지 정확히 알게 되면서 그들은 통곡하지 않을 수 없는 것이다. 그러나 그들의 메시아이신 예수님이 그들의 모든 눈물을 씻어 줄 것이다.

그 날에 그의 발이 예루살렘 앞 곧 동쪽 감람 산에 서실 것이요 감람 산은 그 한 가운데가 동서로 갈라져 매우 큰 골짜기가 되어서 산 절반은 북으로, 절반은 남으로 옮기고 (슥 14:4)

예루살렘을 친 모든 백성에게 여호와께서 내리실 재앙은 이러하니 곧 섰을 때에 그들의 살이 썩으며 그들의 눈동자가 눈구멍 속에서 썩으며 그들의 혀가 입 속에서 썩을 것이요 (슥 14:12)

또 내가 하늘이 열린 것을 보니 보라 백마와 그것을 탄 자가 있으니 그 이름은

충신과 진실이라 그가 공의로 심판하며 싸우더라 (계 19:11)

그 옷과 그 다리에 이름을 쓴 것이 있으니 만왕의 왕이요 만주의 주라 하였더라
(계 19:16)

예수님이 아마겟돈 전투를 종결하신다. 적그리스도의 군대들을 파멸시키기 위해 승리의 왕으로서 예루살렘에 승리로 입성하는 것이다. 예수님께서 만왕의 왕으로 이 땅의 보좌에 앉으시기 위해서 예루살렘에 임하시는 것이다.

짐승이 잡히고 그 앞에서 표적을 행하던 거짓 선지자도 함께 잡혔으니 이는 짐승의 표를 받고 그의 우상에게 경배하던 자들을 표적으로 미혹하던 자라 이 둘이 산 채로 유황불 붙는 못에 던져지고 (계 19:20)

지상군대의 최고 우두머리인 적그리스도가 포로로 잡히고 거짓 선지자도 잡히면서 아마겟돈 전쟁이 끝나게 된다. 전쟁의 최고 우두머리들이 포로로 잡혀 유황 불 못에 던져지니 전쟁이 끝날 수밖에 없다.

또 내가 보매 천사가 무저갱의 열쇠와 큰 쇠사슬을 그의 손에 가지고 하늘로부터 내려와서 용을 잡으니 곧 옛 뱀이요 마귀요 사탄이라 잡아서 천 년 동안 결박하여 무저갱에 던져 넣어 잠그고 그 위에 인봉하여 천 년이 차도록 다시는 만

국을 미혹하지 못하게 하였는데 그 후에는 반드시 잠깐 놓이리라 (계 20:1-3)

예수님은 사탄을 무저갱에 던져 넣으실 것이다. 사탄이 무저갱에 갇히면서 본래 이 땅의 주인이셨던 그리스도께서 지구를 다시 탈환하여 접수함으로 천년왕국이 시작된다.

천년왕국의 수도 예루살렘

천년왕국이란 예수님께서 예루살렘에서 정의와 평화로 온 세상을 다스리는 문자 그대로 천 년 동안의 기간을 말한다.

이 첫째 부활에 참여하는 자들은 복이 있고 거룩하도다 둘째 사망이 그들을 다스리는 권세가 없고 도리어 그들이 하나님과 그리스도의 제사장이 되어 천 년 동안 그리스도와 더불어 왕 노릇 하리라 (계 20:6)

예수님께서 감람산에서 승천하실 때 '하늘로 올려지신 이 예수는 하늘로 가심을 본 그대로 오시리라'(행 1:11)고 말씀하셨다. 그 말씀은 스가랴서에서 어떻게 성취되는가를 알려 준다. 예수님이 감람산에서 승천하셨다가 감람산으로 재림하시는 것이다.

그 날에 그의 발이 예루살렘 앞 곧 동쪽 감람 산에 서실 것이요 감람 산은 그 한 가운데가 동서로 갈라져 매우 큰 골짜기가 되어서 산 절반은 북으로, 절반은 남으로 옮기고 그 산 골짜기는 아셀까지 이를지라 너희가 그 산 골짜기로 도망하되 유다 왕 웃시야 때에 지진을 피하여 도망하던 것 같이 하리라 나의 하나님 여호와께서 임하실 것이요 모든 거룩한 자들이 주와 함께 하리라 (슥 14:4-5)

예수님께서 아마겟돈 전쟁을 승리로 끝내신 후에 모든 거룩한 백성들과 함께 감람산에 임하신다.

우리 생명이신 그리스도께서 나타나실 그 때에 너희도 그와 함께 영광 중에 나타나리라 (골 3:4)

그 감람산은 큰 지진이 일어나 동서로 갈라지면서 큰 골짜기가 되고 감람산 절반은 북으로 절반은 남쪽으로 옮겨진다.

그 날에 생수가 예루살렘에서 솟아나서 절반은 동해로, 절반은 서해로 흐를 것이라 여름에도 겨울에도 그러하리라 (슥 14:8)

그 날에 예루살렘 땅과 이스라엘 땅의 모습이 크게 변한다. 감람산의 한가운데가 동과 서로 갈라지고 산 절반은 북으로 산 절반은 남으로 옮겨짐으로 큰 골짜기가 형성된다. 생수가 예루살렘에서 솟아나와 동쪽으로는 아라바 광야 요단 강으로 흘러 사해바다에 이르고 서쪽으로는 지중해로 흘러들어 가게 된다. 지질학자들의 조사에 의하면 예루살렘 성전산 아래에 거대한 수맥이 있다고 한다.

그의 아들에게는 내가 한 지파를 주어서 내가 거기에 내 이름을 두고자 하여 택한 성읍 예루살렘에서 내 종 다윗이 항상 내 앞에 등불을 가지고 있게 하리라 (왕상 11:36)

땅으로도 하지 말라 이는 하나님의 발등상임이요 예루살렘으로도 하지 말라 이는 큰 임금의 성임이요 (마 5:35)

그 때에 달이 수치를 당하고 해가 부끄러워하리니 이는 만군의 여호와께서 시온 산과 예루살렘에서 왕이 되시고 그 장로들 앞에서 영광을 나타내실 것임이라 (사 24:23)

말일에 여호와의 전의 산이 모든 산 꼭대기에 굳게 설 것이요 모든 작은 산 위에 뛰어나리니 만방이 그리로 모여들 것이라 (사 2:2)

이는 율법이 시온에서부터 나올 것이요 여호와의 말씀이 예루살렘에서부터 나올 것임이니라 (사 2:3)

예수님께서 천년왕국의 왕이 되시고 예루살렘에서 통치하실 것이다. 그리고 인류가 항상 추구하던 샬롬과 번영, 행복, 완전한 정의를 세우실 것이다.

예루살렘을 치러 왔던 이방 나라들 중에 남은 자가 해마다 올라와서 그 왕 만군의 여호와께 경배하며 초막절을 지킬 것이라 (슥 14:16)

초막절은 이스라엘 백성들이 40년 광야생활을 무사히 마치고 가나안 땅에 들어오게 하신 하나님께 감사하고, 조상들이 광야를 통과할 때 장막 생활을 했던 때를 기억하기 위한 절기다.

초막절은 수장절이라고도 하는데, 한 해 동안 농사짓고 추수하여 곡식을 창고에 쌓을 수 있게 하신 하나님께 감사를 드린다.

천년왕국에서는 세계 각 나라 중 남은 자들이 초막절에 예루살렘에 와서 만왕의 왕께 경배드리게 된다.

전쟁이 끝나고 평화의 왕이 통치하실 때 예루살렘은 세상의 예배 중심지가 될 것이다.

애굽 사람이나 이방 나라 사람이나 초막절을 지키러 올라오지 아니하는 자가 받을 벌이 그러하니라 (슥 14:19)

천년왕국에서 초막절은 전 세계적으로 드리게 되는 최고의 절기가 된다. 이 절기에 각 나라 각 족속의 대표들이 만왕의 왕을 경배하려고 예루살렘으로 오게 될 것이다. 초막절을 지키려 올라가지 않는 족속들은 벌을 받게 된다. 비를 내리지 아니하심으로 재앙이 임하게 될 것이다.

가장 중심이면서 철저하게 고립되어 받은 계시를 순수하게 유지하며 메시아를 대망하던 유대인들이 멀리 이산되어 복음을 전했다. 때가 차매 다시 모여 예루살렘을 중심으로 믿는 유대인과 믿는 이방인이 한 새 사람을 이루어 주님을 맞이할 것이다. 메시아의 오심과 통치 속에 메시아왕국을 이루고 세상을 밝히고 섬기게 될 것이다.

> 형제들아 너희가 스스로 지혜 있다 하면서 이 신비를 너희가 모르기를 내가 원하지 아니하노니 이 신비는 이방인의 충만한 수가 들어오기까지 이스라엘의 더러는 우둔하게 된 것이라 그리하여 온 이스라엘이 구원을 받으리라 기록된 바 구원자가 시온에서 오사 야곱에게서 경건하지 않은 것을 돌이키시겠고
>
> (롬 11:25-26)

때가 되면 이방인의 충만한 수가 믿게 되고 이스라엘이 거국적으로 예수가 메시아인 것을 알고 믿고 구원받는 일이 있을 것이다. 결과를 생각해 볼 때, 이스라엘은 잠재적 기독교국가인 것이다.

> 그는 우리의 화평이신지라 둘로 하나를 만드사 원수 된 것 곧 중간에 막힌 담을 자기 육체로 허시고 법조문으로 된 계명의 율법을 폐하셨으니 이는 이 둘로 자

기 안에서 한 새 사람을 지어 화평하게 하시고 (엡 2:14-15)

이는 그로 말미암아 우리 둘이 한 성령 안에서 아버지께 나아감을 얻게 하려 하심이라 (엡 2:18)

너희도 성령 안에서 하나님이 거하실 처소가 되기 위하여 그리스도 예수 안에서 함께 지어져 가느니라 (엡 2:22)

예수님 안에서 거듭난 모든 민족과 유대인들이 십자가로 그 중간 담이 무너지고 하나님을 아버지라 부르는 한 형제, 한 새 사람이 되며 그리스도의 신부된 한 몸 된 한 교회가 됨을 고백할 것이다. 예루살렘은 천년왕국의 수도이다. 아브라함이 이삭을 바친 곳이다. 예수님이 죽으시고 부활하시고 승천하신 예루살렘에서 온 세계를 말씀으로 다스리실 것이며 온 세계에 평화가 도래할 것이다(사 2:1-4; 미 4:1-3; 합 2:14).

그리스도가 돌아오시면 부활과 휴거를 통하여 모든 믿는 자들의 구원을 완성하실 것이다. 그리고 온 땅의 왕으로서 인간이 잃었던 목적을 이루실 것이다.

주의 영이 그에게 계시므로 그의 지혜는 완벽하고 그의 힘은 무한하며 그의 통치는 자애로울 것이다. 그가 돌아오시면 영원한 정의와 평화가 이루어진다.

천년왕국에서 왕 노릇 할 자들

또 내가 보좌들을 보니 거기에 앉은 자들이 있어 심판하는 권세를 받았더라 또
내가 보니 예수를 증언함과 하나님의 말씀 때문에 목 베임을 당한 자들의 영혼
들과 또 짐승과 그의 우상에게 경배하지 아니하고 그들의 이마와 손에 그의 표
를 받지 아니한 자들이 살아서 그리스도와 더불어 천 년 동안 왕 노릇 하니
(계 20:4)

천년왕국의 통치자는 만왕의 왕이신 그리스도로서 왕직을 가장 완벽하
게 시행하실 것이다. 그리고 그 밑에서 함께 왕 노릇 하는 성도들이 있다.
그리스도께서 재림하실 때 부활에 참여한 자들과 살아서 변화된 자들이
다.

이 말씀에서 천년왕국에서 예수님과 함께 왕 노릇 하는 자들을 소개하
고 있다. 사도 요한은 보좌들에 앉은 자들을 보았다. 보좌는 보통 재판하
는 권세를 상징한다. 거기 앉은 자들이 누구인지는 분명하지 않다. 아마
그들은 첫째 부활에 참여하고 그리스도와 더불어 천 년 동안 왕 노릇 할
모든 성도들을 가리킬 것이다.

예수님의 증거와 하나님의 말씀으로 인해 목 베임을 받은 자들의 영혼
과, 대환난 동안 짐승과 그의 우상에 경배하지 아니하고 이마와 손에 그의
표를 받지도 아니한 자들이 살아서 그리스도와 더불어 천 년 동안 왕 노릇
할 것이다. 쉽게 말해서 순교자들과 순교자적 영성으로 살았던 믿음의 선

진들과 순교적으로 살아가고 있는 모두들에게 왕 노릇 하는 복을 주실 것이다.

이미 하늘나라로 가신 안이숙 사모님은 『죽으면 죽으리라』라는 수기를 통해 많은 이들에게 도전과 은혜를 끼치셨다. 그런데 그 책의 부제가 '실격한 순교자의 수기'라고 되어 있었다. 기독교 역사상 많은 순교자가 있었고 순교자 못지않은 삶을 산 사람들도 많았을 것이다. 이런 분들을 위해 천년왕국은 예비되어 있는 것이다.

아벨은 하나님께서 그가 드린 제사는 받으셨으나 가인이 드린 제사는 받지 않으셨다는 이유로, 형 가인에게 죽임을 당했다(창 4:1-8). 예수님은 그가 흘린 피를 의로운 피라고 칭찬하셨다(마 23:35). 스가랴는 요아스의 타락과 우상숭배를 책망하자 사람들이 그를 돌로 쳐서 죽였다(대하 24:20-22). 우리야는 유다 땅과 예루살렘을 향해 예레미야의 모든 말과 같이 예언하였다. 이를 못마땅하게 여긴 사악한 왕 여호야김의 칼에 의해 살해당했다(렘 26:20-23).

세례 요한은 헤롯과 그 동생의 아내인 헤로디아의 결혼이 옳지 못하다고 지적한 것 때문에 감옥에 갇혔으며, 결국엔 죽임을 당했다(막 6:17-29). 베드로는 예수님의 제자였고 초대교회의 지도자였다. 그는 네로의 박해 때 십자가에 거꾸로 못 박혀 순교했다고 전해진다(요 21:18-19). 스데반은 유대인들을 책망하는 설교를 했다. 이 설교를 듣고 화가 난 유대인들이 던진 돌에 맞아 순교했다(행 7:54-60).

어떤 선교학자가 낸 통계에 의하면 지난 2000년 동안의 순교자들보다

최근 100년 동안의 순교자가 더 많았다고 한다. 순교는 하나님께서 정하신 특정한 때에, 특정한 상황 속에서 특정한 사람이 성령님의 도우심으로 이루어지는 기독교 신앙의 최고봉이다.

로마 황제 중 가장 극렬했던 핍박자는 네로 황제였다(AD. 54-68). 네로는 로마 시내에 대화재를(AD. 64) 내어 14구역 중 10구역을 소실했는데 그 범인으로 기독교인들을 지목하여 화형을 받게 하였다. 또한 그에 의해 베드로와 바울도 순교를 당했다. 많은 그리스도인들이 순교의 피를 쏟은 후에 기독교가 공인되고 국교가 된다. 1500년대 이후의 종교개혁가들, 성경번역가들, 프랑스의 위그노들, 영국의 청교도 등이 순교를 당하였다. 1800-1900년대의 선교시대에 많은 피를 뿌리고 그 피 위에 교회가 섰다. 1866년 토마스 선교사가 조선 관군의 칼에 맞아 대동강변 모래사장을 순교의 피로 붉게 물들이며 조선 땅에 복음의 여명이 밝아 왔다. 순교의 역사는 초기 기독교 시대, 종교개혁시대, 그리고 근현대의 선교시대에 걸쳐 교회부흥과 관련이 있음을 잊지 말아야 한다.

아르헨티나 시인이자 소설가 보르헤스(Jorge Luis Borges, 1899-1986)는 "한 종교를 위해 죽는 것은 그 종교를 위해 사는 것보다 쉬운 것이다"라고 말했다. 한 번 순교하는 것보다 매일의 삶에서 진리를 실천하는 자기 죽음이 더 어렵다는 것이다. 우리는 모두 다 순교자가 될 수 있는 것은 아니다. 더 중요한 것은 우리가 날마다 죽는 것이다. 사도 바울은 '나는 날마다 죽노라'고 고백했다(고전 15:31). 욕망과 성격과 고집, 그리고 자기 자신에 대해서 매일 죽는 순교자의 삶도 힘든 것이다. 진정한 그리스도인은 매일의 삶 속에서 자기를 죽이는 사람이다. 다 순교자가 될 수는 없지만 그 정신과 마음을 가지고 사는 자는 살아 있는 순교자일 것이다. 그리스도에 대한 충성과 열심으로 인해 온갖 수치와 치욕을 다 겪는 자들이다. 진리 가운데 살아가기에 어둠으로부터 배척받으며 살아가는 자들이다. 예수님을 믿기 때문에 재산과 물질을 압수당하는 환난 속에서도 믿음을 지키는 자들이다. 신앙 때문에 가족에게서 쫓겨나 외롭고 힘들게 살아가는 자들이다. 그들의 눈물은 거두어지고 한숨과 고통도 제거되고 오직 그리스도와 함께 왕 노릇 하도록 그들을 위해 천년왕국은 예비된다.

> 참으면 또한 함께 왕 노릇 할 것이요 우리가 주를 부인하면 주도 우리를 부인하실 것이라 (딤후 2:12)

천년왕국은 현 세상과 앞으로 올 세상 새 하늘, 새 땅, 새 예루살렘, 즉 영원 세계의 과도기적 시기이다. 천년왕국을 육체로 들어온 자들과 부활의 몸을 입은 성도들이 섞여 사는 과도기적 왕국이다. '예루살렘을 치러 왔던 이방 나라들 중에 남은 자'(슥 14:16)가 있다고 했다. 7년 환난과 심판 속에서도 살아남은 자들이 있다. 천년왕국에 육체로 들어온 자들이 지구상의 최상의 자연환경에서 생활하기 때문에 양식도 풍부하고 기후도 좋고 건강하게 살기 때문에 지구상에 엄청난 인구가 존재할 것이다. 부활한 성도들은 영생을 가졌다. 부활한 영광스러운 몸을 입고 영원히 죽지 않고 시간과 공간을 초월해서 살아간다. 부활한 성도들이 주님과 함께 다스리게 될 것이다.

천년왕국의 생활

인류가 추구했지만 이루지 못한 모든 훌륭한 것들이 마침내 이루어질 것이다. 인간의 모든 전쟁이 끝나면 천년왕국은 평화의 왕이 통치를 시작할 것이다. 처음에 그 평화의 왕은 그의 원수들을 벌할 것이고 충성된 종들에게 상을 주실 것이다. 그는 모든 전쟁을 종식시킬 것이다. 지혜와 지식의 영을 가진 그는 인류가 항상 추구하고 사모하던 그런 번영과 행복을 주실 것이다. 완전한 정의를 세울 것이다.

그가 열방 사이에 판단하시며 많은 백성을 판결하시리니 무리가 그들의 칼을
쳐서 보습을 만들고 그들의 창을 쳐서 낫을 만들 것이며 이 나라와 저 나라가
다시는 칼을 들고 서로 치지 아니하며 다시는 전쟁을 연습하지 아니하리라
(사 2:4)

그의 날에 의인이 흥왕하여 평강의 풍성함이 달이 다할 때까지 이르리로다
(시 72:7)

전쟁이 없고 정의가 실현되는 것은 전능하신 주님이 모든 것을 다스리

시기 때문이다. 그리스도는 평강의 왕이시기 때문에 땅 위에 평화가 넘치게 될 것이다.

미움과 다툼, 시기와 질투, 분노와 욕망 등 전쟁을 일으키는 모든 동기가 사라지게 될 것이며, 오직 사랑과 평화, 즐거움과 기쁨이 가득할 것이다.

> 나 여호와가 시온의 모든 황폐한 곳들을 위로하여 그 사막을 에덴 같게, 그 광야를 여호와의 동산 같게 하였나니 그 가운데에 기뻐함과 즐거워함과 감사함과 창화하는 소리가 있으리라 (사 51:3)

천년왕국은 에덴 동산 같은 물리적인 낙원의 모습을 가져올 것이다. 초자연적인 능력으로 부활체를 입고 살 것이다. 아름다움과 기쁨으로 채워진 낙원의 정원을 즐길 것이다. 하나님은 그분의 백성과 영원히 물리적인 낙원에서 살기를 원하신다.

> 그 때에 맹인의 눈이 밝을 것이며 못 듣는 사람의 귀가 열릴 것이며 그 때에 저는 자는 사슴 같이 뛸 것이며 말 못하는 자의 혀는 노래하리니 이는 광야에서 물이 솟겠고 사막에서 시내가 흐를 것임이라 (사 35:5-6)

사람의 질병들은 큰 슬픔과 불행을 가져왔었다. 불치병들의 대표적 예들은 소경과 귀머거리와 절뚝발이와 벙어리 등일 것이다. 그러나 그날에는 소경의 눈이 밝을 것이며 귀머거리의 귀가 열릴 것이며 절뚝발이가 사습같이 뛸 것이며 벙어리의 혀가 노래할 것이다.

> 그들이 가옥을 건축하고 그 안에 살겠고 포도나무를 심고 열매를 먹을 것이며
> 그들이 건축한 데에 타인이 살지 아니할 것이며 그들이 심은 것을 타인이 먹지
> 아니하리니 이는 내 백성의 수한이 나무의 수한과 같겠고 내가 택한 자가 그 손
> 으로 일한 것을 길이 누릴 것이며 그들의 수고가 헛되지 않겠고 그들이 생산한
> 것이 재난을 당하지 아니하리니 그들은 여호와의 복된 자의 자손이요 그들의
> 후손도 그들과 같을 것임이라 (사 65:21-23)

부활체가 아닌 육체로 사는 자도 오래 살 것이다. 장수의 복을 누린다고
하더라도 한정된 삶을 살 것이다. 그들은 여전히 자식을 낳고 양육할 것이
다. 지금 우리가 가진 사회적인 불안이나 폭력이나 환경적인 재난이나 전
쟁이 없고 수고가 헛됨이 없는 삶을 살아가게 된다.

> 내가 헐벗은 산에 강을 내며 골짜기 가운데에 샘이 나게 하며 광야가 못이 되게
> 하며 마른 땅이 샘 근원이 되게 할 것이며 내가 광야에는 백향목과 싯딤 나무와
> 화석류와 들감람나무를 심고 사막에는 잣나무와 소나무와 황양목을 함께 두리
> 니 (사 41:18-19)

하늘의 비를 주관하시고 샘의 근원을 주관하시는 분은 하나님이시다.
하나님께서 비를 충분히 내려 주시며 골짜기나 광야와 마른 땅에 샘을 터

뜨리신다. 벌거숭이산에 강이 생기며 골짜기나 광야와 마른 땅에 샘이 나고 광야에 못이 생기게 될 것이다. 또 하나님께서는 광야나 사막에 백향목과 싯딤나무와 화석류와 들 감람나무, 또 잣나무와 소나무와 황양목 등, 건물이나 가구의 자재가 되는 나무들, 꽃과 향기를 주는 나무들, 기름을 주는 나무들, 또 그늘과 쉼을 주는 나무들을 자라게 하실 것이다.

그 때에 이리가 어린 양과 함께 살며 표범이 어린 염소와 함께 누우며 송아지와 어린 사자와 살진 짐승이 함께 있어 어린 아이에게 끌리며 암소와 곰이 함께 먹으며 그것들의 새끼가 함께 엎드리며 사자가 소처럼 풀을 먹을 것이며 젖 먹는 아이가 독사의 구멍에서 장난하며 젖 뗀 어린 아이가 독사의 굴에 손을 넣을 것이라 내 거룩한 산 모든 곳에서 해 됨도 없고 상함도 없을 것이니 이는 물이 바다를 덮음 같이 여호와를 아는 지식이 세상에 충만할 것임이니라 (사 11:6-9)

천년왕국의 특징은 한마디로 평화이다. 거기에는 악한 짐승들이 없을 것이다. 모든 짐승들은 성질이 온순해질 것이다. 공기도 깨끗하고 비도 적절히 내려 물도 부족함이 없다. 동물들의 정글의 법칙도 사라지고 이리와 어린 양과 함께 뒹굴고 젖 먹는 아이가 독사와 장난치는 땅으로 회복된다. 그때는 세상에 상함과 해됨이 더 이상 없을 것이다. 그것은 세상에 하나님의 지식과 경외함이 충만할 것이기 때문이다.

피조물이 고대하는 바는 하나님의 아들들이 나타나는 것이니 피조물이 허무한

데 굴복하는 것은 자기 뜻이 아니요 오직 굴복하게 하시는 이로 말미암음이라

그 바라는 것은 피조물도 썩어짐의 종 노릇 한 데서 해방되어 하나님의 자녀들

의 영광의 자유에 이르는 것이니라 (롬 8:19-21)

피조 세계는 하나님의 아들들이 나타나는 날이 오기를 고대한다. '하나님의 아들들' 즉 영광스런 부활체를 입은 영화된 성도들을 기다리고 있다. 지금은 동물들도 식물들도 그 영광의 날을 기다리며 허무한 데 굴복하고 썩어짐에 종노릇하고 있다. 그러나 그날이 오면 모든 피조물도 하나님의 자녀들처럼 영광의 자유를 누리게 될 것이다. 그날에는 피조물들에게도 상함도 해함도 썩는 것도 없을 것이다.

천년왕국의 환경이 이렇게 평화로운 것은 그리스도께서 다스리실 것이기 때문이다. 그리고 사탄을 무저갱 속에 감금했기 때문이다. 음식물이 풍부하고 질병이나 환경적 어려움이 없기 때문에 죄성을 드러낼 기회가 좀처럼 없는 것이다. 오래 살게 된 원인도 이 땅의 저주가 풀렸기 때문이다.

천년왕국은 사람이 살기에 가장 알맞은 기후와 깨끗한 물을 마시고 맑은 공기로 숨 쉴 것이다. 사막이 변하여 식물이 풍성하게 자라고 삼림이 울창한 옥토가 될 것이다. 지진이나 화산 폭발도 없고 태풍이나 가뭄과 홍수도 없어서 기근도 없다. 동물세계는 먹이 사슬과 정글의 법칙이 사라지고 모두 함께 어울리는 세계가 된다. 환경적 압박이나 강박관념이 없어지므로 안정과 평안이 이루어진다. 사람들이 장수의 복과 최고 수준의 행복을 누리는 세상이 천 년 동안 지속된다.

새 하늘과 새 땅, 새 예루살렘

또 내가 새 하늘과 새 땅을 보니 처음 하늘과 처음 땅이 없어졌고 바다도 다시
있지 않더라 (계 21:1)

또 내가 보매 거룩한 성 새 예루살렘이 하나님께로부터 하늘에서 내려오니 그
준비한 것이 신부가 남편을 위하여 단장한 것 같더라 (계 21:2)

하늘과 땅 1단계	하늘과 땅(창조 시)	과거
하늘과 땅 2단계	노아 홍수 이전	과거
하늘과 땅 3단계	노아 홍수 이후	현재
하늘과 땅 4단계	천년 왕국	미래
하늘과 땅 5단계	새 하늘과 새 땅	미래

하늘과 땅의 변화되는 모습

모든 눈물을 그 눈에서 닦아 주시니 다시는 사망이 없고 애통하는 것이나 곡하
는 것이나 아픈 것이 다시 있지 아니하리니 처음 것들이 다 지나갔음이러라
(계 21:4)

새 하늘과 새 땅, 새 예루살렘은 하나님 나라의 최종 완성이다. 옛 세상
에 있던 모든 눈물과 사망과 애통과 아픈 것이 사라진 세계이다. 앞으로
우리가 영원히 거할 곳으로 이 세상을 갱신한 것으로, 이 세상과는 다른

완전히 새로운 세계이다. 오직 하나님의 영광만 드러나며 성도들의 영원한 행복의 처소이다.

신랑 되신 그리스도께서 영적 신부인 성도를 데리고 새로운 보금자리에서 함께 거하기 위해 마련된 곳이 새 예루살렘 성이다. 이 성은 구원받은 성도들의 공동체인 그리스도의 신부이며 동시에 우리가 거할 완성된 하나님 나라에서의 중심 처소이다. 이 성은 성도들 자신이기도 하면서 성도들이 복된 삶을 누릴 터전이기도 하다. 이 거룩한 성 예루살렘은 하나님이 거하실 하나님의 보좌가 있을 곳이요 우주를 다스릴 본부이다.

거룩한 성 새 예루살렘은 새 우주와 새 지구의 중심이요 영원한 하나님 나라의 수도가 된다. 새 우주의 중심인 지구에 새 예루살렘성이 하늘에서 내려온다. 하나님과 어린 양이신 그리스도의 보좌가 그곳에 있으며 하나님의 영광이 그 세계에 가득하고 생명수강과 생명나무가 있어 영생하는 생명들에게 영원한 생명을 공급해 준다. 눈물도 질병도 죽음도 불순종도 없는 곳이다. 이 영원한 행복 가운데 하나님과 그 자녀들이 영원히 함께 살게 될 것이다. 마치 에덴 동산에서 하나님과 아담과 하와가 동산을 거닐며 함께했던 것과 같은 황홀한 시간이 회복된 것이다.

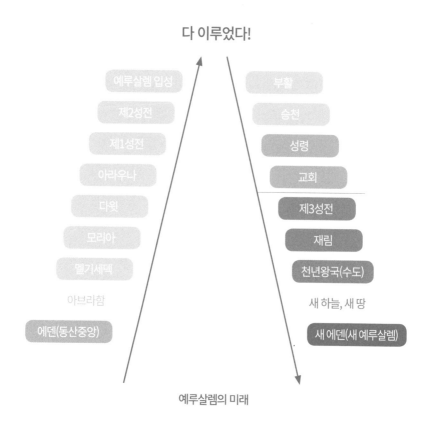

다 이루었다!

예루살렘 입성   부활

제2성전   승천

제1성전   성령

아라우나   교회

다윗   제3성전

모리아   재림

멜기세덱   천년왕국(수도)

아브라함   새 하늘, 새 땅

에덴(동산중앙)   새 에덴(새 예루살렘)

예루살렘의 미래

아브라함을 택하셔서 멜기세덱을 만나게 하시고 이삭을 모리아 산에서 바치게 하신 그곳을 다윗이 점령하고 솔로몬이 성전을 지었고, 이후 파괴되었던 성전을 다시 스룹바벨이 짓는다. 바로 이곳에서 십자가를 지기 위해 입성하시고 죽으시고 부활하셨고 승천하셨다. 성령을 보내 주셔서 교회가 시작되고 성령님을 받은 이들이 땅끝을 향하여 나아가고 있다. 이제 예루살렘은 회복되고 예루살렘에서 시작된 복음은 다시 예루살렘으로 돌아오고 있으며 유대인들의 성전을 세우려는 준비와 시도가 있는 중이다. 예수님은 이곳으로 오실 것이다. 천년왕국을 통해 통치하시고 때가 되면 새롭게 된 하늘과 땅으로 새 예루살렘이 임하고 하늘과 땅은 통일될 것이다.

거룩한 성 새 예루살렘의 모습

요한이 본 거룩한 성 예루살렘은 성의 빛이 지극히 귀한 보석같이 맑고 아름다웠다. 성은 크고 높은 성곽에 열두 문이 있어 그곳에 열두 지파의 이름이 있고 문마다 천사들이 지키고 있었다. 성곽에는 열두 기초석이 있고 그 위에 어린 양의 열두 사도의 열두 이름이 있었다. 구약과 신약 교회가 하나의 통일된 하나님의 교회 공동체임을 보여 준다. 그 성곽은 벽옥으로 쌓였고 그 성은 정금으로 되어 맑은 유리와 같았다. 성곽의 기초석은 각종 보석들로 새 예루살렘은 아름답고 깨끗하고 귀하고 영광스러웠다. 이것은 하나님께서 예비하신 아름다운 새 예루살렘이다. 구원받은 성도들의 부활체의 영광이며 영원한 천국의 영광으로 앞으로 누릴 영광이다. 그 성은 네모반듯한 정입방체로 가로, 세로, 높이의 길이는 약 2,400킬로미터이며 성곽의 두께는 약 65미터이다. 이 같은 사실은 즉시 우리들에게 하나님의 지상 임재의 처소였던 예루살렘 성전의 지성소를 연상시킨다. 그곳이 하나님이 자기 백성들과 함께 거하시는 완벽한 처소임을 상징한다.

새 예루살렘은 하늘에서 내려오는 거룩한 성이다(계 21:10).

성 안에는 구속함을 받은 거룩한 성도들만이 하나님과 함께 거한다. 하나님께서 창조하시고 동시에 하나님의 선물인 하나님 나라의 최종적인 실현이요 교회의 영광된 미래이다.

새 예루살렘에는 성전이 없다(계 21:22).

성전은 하나님과의 만남의 장소요 하나님께 죄 사함을 위해 제사드리는 곳이었다. 그러나 성 안에는 죄가 없기 때문에 죄를 속하는 장소가 필요 없고 또한 하나님과의 만남의 장소가 따로 필요 없다. 그곳에서는 누구나 하나님과 대면하고 함께 살기 때문이다. 하나님과 어린 양께서 친히 성전이 되시고 그곳에 항상 계시기 때문이다.

새 예루살렘에는 해와 달의 비침이 쓸 데 없다.

세상의 어떤 빛보다 더욱 찬란하고 더욱 빛나는 하나님의 영광과 예수 그리스도 자신이 그 성의 빛이 되어 주시기 때문이다(계 21:23, 22:5).

새 예루살렘에는 눈물이 없고 사망이 없다(계 21:4).

하나님께서 눈물을 닦아 주심으로 고통과 죽음과 슬픔과 불행과 아픈 것이 없다.

새 예루살렘에는 저주가 없다(계 22:3).

아담의 죄로 인해 모든 인류와 피조물들 위에 놓였던 저주가 사라졌다. 새 하늘 새 땅 새 예루살렘에는 죄가 없기 때문에 저주는 당연히 없다.

새 예루살렘에는 사탄도 귀신들도 없다.

에덴 동산에 침입했던 사탄이 없으므로 신령한 부활체를 가진 사람들은 사탄의 접근을 받지 않을 것이요, 사탄의 시험이나 유혹이나 미혹을 받지 않고 영원히 살게 된다.

새 예루살렘에는 하나님과 어린 양의 보좌로부터 생명수의 강이 흐른다(계 22:1).

강 좌우에 생명나무가 있어 달마다 열두 가지 열매를 맺는다. 그 잎사귀들은 치료제이다. 영원세계의 식물과 동물들도 늙거나 죽지 않고 영원히 싱싱하게 살 것이다(계 22:2).

새 예루살렘에는 땅의 왕들이 자기 영광을 가지고 출입한다 (계 21:24).

여기 땅의 왕들이란 천년 왕국 때에 그리스도와 함께 왕 노릇 하던 성도들을 말하는 것이다. 창세기에서 하나님께서 사람을 창조하시고 지구와 지구에 사는 동물들과 새들을 다스리라고 하셨다. 그러나 영원 세계에서는 온 우주를 다스리게 되며 새 예루살렘 성은 영원 세계의 수도이다.

새 예루살렘에 사는 성도는 무궁한 삶을 산다(계 21:6).

또 내게 말씀하시되 이루었도다 나는 알파와 오메가요 처음과 마지막이라 내가
생명수 샘물을 목마른 자에게 값없이 주리니 (계 21:6)

새 하늘과 새 땅은 완성된 하나님의 나라이고 새 예루살렘은 하나님의
도성이다. 목마르지 않은 생명수와 생명나무 열매를 먹으며 영원무궁한
삶을 살아간다. 무궁한 삶은 모든 성도들이 대망하던 삶의 이상이자 목표
이다. 인간을 불행하게 만드는 모든 요인이 사라진 가장 행복한 삶이다.
완성된 생명과 영원한 양식과 영원한 삶이 거기에 있다.

새 예루살렘에 사는 성도는 거룩한 삶을 산다(계 21:8).

그러나 두려워하는 자들과 믿지 아니하는 자들과 흉악한 자들과 살인자들과 음
행하는 자들과 점술가들과 우상 숭배자들과 거짓말하는 모든 자들은 불과 유황
으로 타는 못에 던져지리니 이것이 둘째 사망이라 (계 21:8)

모든 종류의 더러운 자들은 이미 영원한 불못에 던져졌기 때문에 새 하
늘과 새 땅은 전혀 죄악에 오염되지 않은 세계이다. 그리스도의 피로 죄악
에서 씻음을 받아 거룩해진 성도들만이 하나님과 함께 사는 세계이다. 부
활한 몸은 신령하고 거룩한 몸이다. 부활의 생명은 인간의 가장 완전하고

영화로운 생명이다.

새 예루살렘에 사는 성도는 영광의 삶을 산다(계 21:26).

사람들이 만국의 영광과 존귀를 가지고 그리로 들어가겠고 (계 21:26)

사람들은 장차 하나님 나라에 갈 때에 각자의 영광을 지닌 부활체로 참된 행복과 영광스러운 삶을 살게 된다. 새 예루살렘에서 사람들은 형용할 수 없는 빛 가운데 뛰어난 아름다움을 누리며 살아간다. 이러한 삶은 흘러가는 시간이나 세월에 구애받지 않고 끝없이 누리는 영광스러운 삶이다. 하나님께 완전한 경배를 드리며 완전한 지식을 가지고 더욱 성숙한 모습으로 봉사를 한다. 또한 활동적이며 생산적인 모든 삶이 깊은 만족과 영광스러움을 준다. 죄의 성품과 모든 악한 환경에서 완전히 자유한 영광의 삶을 누리게 된다.

새 예루살렘에 사는 성도의 삶은 상속자의 삶이다(계 21:7).

이기는 자는 이것들을 상속으로 받으리라 나는 그의 하나님이 되고 그는 내 아들이 되리라 (계 21:7)

하나님의 자녀로써 마귀의 궤계, 죄악과 시험, 환난을 이기고 승리한 성도들은 하나님의 나라를 상속받는다. 하나님께서 만왕의 왕이시므로 하나님의 상속자인 성도는 왕권을 상속받아 왕 노릇 하게 된다(계 22:5). 더 나아가 성도들이 상속으로 받아 누릴 것은 새 예루살렘과 영생, 생명수, 생명나무 실과이다.

새 예루살렘에 사는 성도의 삶은 하나님과 영원한 교제의 삶이다.

그의 얼굴을 볼 터이요 그의 이름도 그들의 이마에 있으리라 (계 22:4)

지상에서의 삶은 하나님을 믿고 열심히 살아가지만 모든 부분에서 불완전하다.

하나님과의 교제에 있어서도 인간의 연약함과 여러 가지 한계 때문에 불완전할 수밖에 없다. 하나님의 형상으로 창조되었던 인간의 영혼과 육체가 죄로 말미암아 부패되고 완전히 파괴되었다. 하지만 그날에는 완전히 회복되기 때문에 하나님과의 교제가 온전해질 것이다. 이 땅에서의 불완전한 교제도 사모할 만큼 좋은 것인데 새 하늘과 새 땅에서 이루어지는 완전한 교제는 하나님의 얼굴을 보기 때문에 이루 말할 수 없이 감격스러울 것이다.

아담과 하와가 범죄하기 전에는 여호와 하나님과 얼굴과 얼굴을 대하면서 에덴 동산을 거닐었는데 그 영광을 잃어버렸고 에덴 동산에서 쫓겨났다.

하나님과 함께 새 예루살렘 생명강가의 생명나무 밑을 거닐며 하나님과 대면하며 대화하고 영원토록 동거하게 될 것이다. 이것이 하나님께서 우주를 창조하시고 지구를 창조하시고, 그 가운데 사람을 창조하신 궁극적 목적이었다.

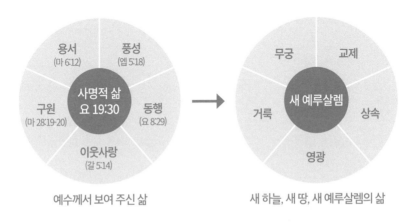

예수께서 보여 주신 삶　　　　　새 하늘, 새 땅, 새 예루살렘의 삶

에덴에서 새 에덴으로

성경은 하나님과 그의 백성이 에덴 동산에서 함께 거니시는 것으로 시작하여 새 하늘 새 땅 새 예루살렘에서 하나님과 그의 백성이 함께 대면하는 것으로 끝난다. 창세기 1-2장에서 아담은 하나님과 대면하며 친밀함으로 동행했다. 요한계시록 21-22장에 하나님은 다시 한 번 동산에서 그의 백성과 함께 대면하며 동행하신다.

요한계시록 22장은 인류가 상실했던 에덴 동산의 모습을 다시 그려 주고 있다. 거기에는 다시 하나님으로부터 다시 흘러나오는 생명수 강이 있고, 그 강물로 생명나무가 무성하게 자라 매달마다 열두 가지 열매를 맺으며, 하나님 나라 안에 있는 모든 이들은 그것으로 영생을 누린다(계 22:1-2).

성경의 첫 번째 책 창세기 처음 두 장에 하나님이 원래 의도하신 것은 성경의 마지막 두 장 곧 요한계시록 21-22장에서 죄의 저주가 제거됨과 함께 온전히 회복된다.

창세기 2장에서 아담은 지구 안에 있는 모든 것들과 에덴 동산의 모든 것들만 다스리는 권한이 있었지만 요한계시록 22장의 부활체를 가진 성도들은 온 우주를 다스린다. 완성된 하나님의 나라는 모든 것이 행복하며 완전한 인간이 꿈꾸는 완벽한 이상적인 세계를 성취시킨다.

한마디로 에덴 동산에서 잃었던 모든 것이 회복되는 것이다. 그러나 새 하늘과 새 땅은 단순히 에덴 동산에서 잃은 것에 대한 회복으로만 끝나지 않는다. 그것은 에덴 동산에서 있었던 타락의 가능성이 없어진 더 나은 세계를 의미한다. 왜냐하면 죄와 유혹과 저주를 가져다주는 사탄이 존재하지 않기 때문이다. 새 하늘과 새 땅에서는 저주도 죄악도 유혹도 없이 하나님의 영광 가운데서 하나님의 구속함을 받은 모든 자녀들이 이루 말로 다할 수 없는 풍성한 삶을 영원히 누리게 되는 것이다.

그러나 만일 우리가 물리적인 에덴 동산의 계시를 놓친다면, 창세기 1-2장에 나오는 창조자 되시는 예수님의 영광을 놓치게 될 것이다. 새 하늘과 새 땅 다시 말해서 새 에덴은 물리적이며 영적인 세계이며 자연적이며 초자연적인 세계로 하늘과 땅이 통일된 완벽하고도 아름다운 충만한 세계이다. 하나님은 그의 자녀들과 더불어 새 예루살렘을 중심으로 온 우주를 경영하게 되는 것이다. 할렐루야!

	에덴 (창 1-3장)	새 에덴 (계 20-22장)
1	처음 하늘과 땅(창 1-2장)	새 하늘과 새 땅(계 21:1, 2)
2	생명나무와 네 강들(창 2:9-14)	생명나무와 생명수 강(계 22:1, 2)
3	아담과 하와(창 2:15-25)	어린 양과 신부(계 21:9)
4	사탄의 승리(창 3:1-7)	사탄의 파멸(계 20:10)
5	하나님과 동산에 함께 계심(창 3:8)	하나님이 성도들과 함께함(계 22:3)
6	지구를 다스림(창 1:28)	온 우주를 다스림(계 22:5)
7	아담이 하나님의 얼굴을 봄(창 3:8)	하나님의 얼굴을 봄(계 22:4)
8	하나님을 두려워하여 피함(창 3:8-10)	하나님과 친밀함(계 21:3, 22:3)
9	저주가 선언됨(창 3:14-19)	저주가 제거됨(계 22:3)
10	최초로 복음의 약속이 주어짐(창 3:15)	복음의 약속이 최종 성취됨(계 21:1-22:5)
11	죽음이 시작됨(창 3:22)	죽음이 제거됨(계 21:4)
12	에덴 동산에서 쫓겨남(창 3:24)	새 예루살렘에서 삶(계 21:26, 27)
13	천사가 에덴 동산 길을 막음(창 3:24)	천사가 낙원입성을 환영함(계 21:9, 12)
14	사탄이 노리고 있었음(창 3:1)	사탄은 영원한 불못(계 20:10)

김준식 제공

에덴 동산 중앙이 예루살렘인 성경적 근거

1. 천년왕국의 수도인 예루살렘은 첫째 부활에 참여하는 주의 백성들이
   주와 함께 천년 동안 왕 노릇 하는 곳의 중심이다(사 2:2-3, 24:23). 온 지
   구가 평화와 번영과 기쁨으로 채워진다. 천 년이 끝나고 그 후에 하
   늘과 땅이 뜨거운 불에 풀어지고 녹아져 새 하늘과 새 땅으로 갱신될
   때 부활의 몸을 가진 주의 백성들은 여전히 예루살렘과 함께 건재할
   것이다(계 21:1; 사 65:17, 66:22; 벧후 3:13). 에덴 동산은 우주의 중심이었다.
   천년왕국의 수도인 예루살렘은 갱신되어도 여전히 새 하늘 새 땅의
   중심일 것이다.

2. 에덴에서 네 강이 흘렀듯이 천년왕국의 수도인 예루살렘에서 생수가
   솟아나 절반은 동해로, 절반은 서해로 흐른다(창 2:10; 슥 14:8).

3. 새 하늘 새 땅의 중앙에 새 예루살렘이 임할 것이다(계 21:2). 새 예루
   살렘이 임할 곳은 바로 예루살렘이다. 예루살라임은 쌍수로 예루살
   렘이 땅에도 있고 하늘에도 있다는 뜻인데 드디어 하나가 되는 것이
   다(엡 1:10).

4. 에덴 동산의 중앙에 생명나무가 있었다(창 2:9). 그런데 새 예루살렘에
   도 생명나무가 있다(계 22:2, 19). 그것은 에덴 동산 중앙이 예루살렘과
   같은 장소라는 증거이다.

5. 예루살렘은 큰 임금의 성이라고 하신 주님의 말씀은 결코 변개되지
   않는다(마 5:35). 예루살렘은 천년왕국의 수도이며 새 하늘, 새 땅에서

도 여전히 만왕의 왕이 다스리는 온 우주 통치의 본부일 것이다.

6. 예루살렘은 하나님께서 영원히 쉴 곳이며 거주할 곳이기 때문이다(시 132:13-14). '영원히'라는 말은 천년왕국뿐 아니라 새 하늘 새 땅에서도 예루살렘은 하나님의 쉴 곳이요 거주할 곳이라는 뜻이다.

7. 하나님이 아브라함에게 지시하신 '모리아 땅'은 아브라함이 아들 이삭을 바친 곳이다(창 22:2). 아브라함이 그 땅 이름을 여호와 이레라 했다(창 22:14). 솔로몬 성전을 위하여 준비된 곳으로 바로 이 예루살렘은 예수님의 죽음과 부활과 승천과 재림, 그리고 천년왕국과 새 에덴을 위하여도 준비된 땅으로 아브람 때부터 계시된 곳이다.

8. 예루살렘의 새로운 모습은 요한계시록 21장의 3분의 2 이상을 차지하고 있다. 새 예루살렘은 세계의 중심에서 영광을 받고 회복되어진 새 에덴의 수도이다(계 21:9-22:5).

9. 유대인들은 하늘에 관한 개념이 약하고, 교회는 땅 위의 하나님의 나라에 대한 이해가 약하다. 하나님은 하늘과 땅이 하나 되기를 원하셨다. 그것은 아담과 이브가 범죄할 때 에덴 동산에서 나누어졌기 때문이다. 하나님의 아들 예수만이 하늘과 땅을 존재시킬 수 있기 때문에 하늘과 땅을 하나 되게 하실 수 있다(엡 1:10).

10. 새 하늘과 새 땅은 에덴의 회복을 말하며 새 예루살렘은 예루살렘의 회복이다. 경건한 하나님의 자녀들의 처소인 새 예루살렘이 내려옴으로 부활한 성도들의 처소가 된다. 하나님의 나라를 위해 지구를 되찾는 것으로 천국의 실체들이 지구 위에 복귀하는 것이다. 예수

그리스도는 새 예루살렘에서 궁극적 지도자, 만왕의 왕, 만주의 주로 다스리신다.

11. 에스겔 31장 8절의 하나님의 동산은 이스라엘을 말하며 백향목은 이스라엘 지도자를 의미한다. 하나님의 동산 즉 에덴이 이스라엘이므로 에덴 중앙은 예루살렘이다.

하나님의 동산의 백향목이 능히 그를 가리지 못하며 잣나무가 그 굵은 가지만 못하며 단풍나무가 그 가는 가지만 못하며 하나님의 동산의 어떤 나무도 그 아름다운 모양과 같지 못하였도다 내가 그 가지를 많게 하여 모양이 아름답게 하였더니 하나님의 동산 에덴에 있는 모든 나무가 다 시기하였느니라 (겔 31:8-9)

12. 이스라엘은 '세상 중앙에 사는 백성'이다(겔 38:12). '세상'을 뜻하는 히브리어 '에레츠'는 땅이란 뜻으로 이스라엘은 땅의 중앙에 사는 백성이다. 에덴이 둥근 땅의 중앙이라고 볼 때, 이스라엘은 에덴이요 예루살렘은 에덴의 중앙이다. 예루살렘 골고다 성묘교회 자리에는 '지구의 배꼽'이라는 표지석이 있다. 그곳이 세계의 중심이라는 표식이다.

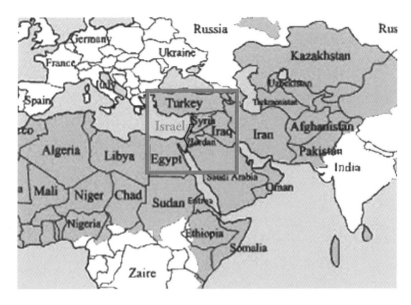

오늘날 이슬람 국가들에 둘러싸인 이스라엘과 새 예루살렘의 크기

God's Master Plan

5
한민족의 사명

기도하라! | 회복을 도우라! | 위로하라! |
복음을 전하라! | 자유 민주 선진 통일 기독교 한국

하나님께서는 지구상에 흩어져 살고 있는
한민족이 성령님 안에서 하나 되어
온 세상에 진리와 생명의 복음으로
하나님의 나라를 이루어 가기를 원하신다.
또한 한민족이 전 세계에 흩어져 있는
170개국의 디아스포라 유대인들을 약속의 땅으로 돌아가도록
깨우치고 도와주는 사명을 감당해야 한다.

시편 122편 6절
예루살렘을 위하여 평안을 구하라 예루살렘을 사랑하는 자는 형통하리로다

여호와를 자기 하나님으로 삼은 나라 곧 하나님의 기업으로 선택된 백성은 복

이 있도다 (시 33:12)

하나님은 우주만물을 창조하신 분이요 역사를 한 손에 쥐고 운행하는 분이시다. 성경적 세계관과 하나님 주권통치 역사관으로 볼 때 대한민국은 하나님의 작품이다. 한민족의 국운 상승은 하나님께서 주시는 축복이다. 하나님의 강권적인 역사 속에 8.15 해방을 맞이했고 자유 민주국가 건설을 방해하는 수많은 공격과 혼란을 극복하였다. 제헌국회 때는 창조주요 역사의 주관자이신 하나님께 드리는 감사기도로 시작하였다. 6.25전쟁 당시 절대 우위의 북한 공산당 집단을 상대로 멸망 직전이었을 때, 유엔군이 신속하게 참전하여 위기에서 벗어날 수 있었다. 이 또한 하나님이 적극 개입하셨기 때문이다. 한국의 교회 부흥과 경제 성장은 곧 하나님의 강권적인 역사였다.

한국 교회의 대부흥은 1970년대에 와서 폭발적으로 일어났다. 빌리 그레이엄(Billy Graham)의 전도대회와 Explo 74, 그리고 1977년 민족복음화 성회 등에 성령님이 강력하게 임하여 민족 단위가 움직이는 영적인 사건이 일어났다.

약 200만 명이었던 신자 수가 1980년대에는 1천만 명으로 세계 교회 사상 전무후무한 경이적인 부흥을 경험하였다. 1970년대에 급성장한 국가

경제 도약의 저변에는 민족 단위의 지각변동을 일으킨 한국 교회의 급성장이 중요한 요인이었다. 세계적인 미래학자 존 나이스비트(John Naisbitt)는 1960년에서 1990년까지 한국의 발전은 세계 역사에서 찾을 수 없는 일이라고 진술하였다.

우리나라는 6·25전쟁의 폐허 속에 세계 최빈국으로 원조를 받던 처지에서 50여 년 만에 원조를 주는, 민주화, 산업화, 아이티화를 이룬 유일한 국가이다. 한국형 원자력 발전소를 수출하고 조선과 자동차, 그리고 전자제품 등 한국인이 만든 상품이 세계 시장을 누비고 있다. 스마트폰 세계 점유율도 최고를 기록하고 있다. 그동안 88서울 올림픽 4위, 2002년 월드컵 4강, WBC 2위, 밴쿠버동계올림픽 5위, 피겨 여왕 김연아, LPGA, 서울에서 G20(주요 20개국) 정상회의 개최 등 대한민국의 국가브랜드 가치가 급상승해 왔다. 엄청난 한국문화의 해외진출이 러시를 이루고 있다. 사실 그누구도 세계 속의 한류문화 열풍(겨울연가, 대장금, K-POP 등)을 예상치 못했던 것이다.

또한 골드만삭스의 보고서에 의하면 2050년 통일 한국의 1인당 국내총생산(GDP)은 일본과 독일을 추월하고 미국에 이어 세계 2위가 될 것이라는 예상을 발표한 적이 있었다. 이 모든 한민족의 국운 상승은 믿음의 선진들의 기도 응답이요 사명 때문에 하나님께서 주시는 축복이다. 우리 민족이 하나님만 믿고 의지하며 하나님의 뜻을 따라 이 시대 속에 순종하며 기도하면 인간의 생각보다 더욱 놀라운 영육의 축복을 누리며 크게 쓰임 받을 것이다.

한민족의 사명

기도하라!

예루살렘이여 내가 너의 성벽 위에 파수꾼을 세우고 그들로 하여금 주야로 계
속 잠잠하지 않게 하였느니라 너희 여호와로 기억하시게 하는 자들아 너희는
쉬지 말며 또 여호와께서 예루살렘을 세워 세상에서 찬송을 받게 하시기까지
그로 쉬지 못하시게 하라 (사 62:6-7)

예루살렘을 위하여 평안을 구하라 예루살렘을 사랑하는 자는 형통하리로다
(시 122:6)

또 이르되 열방들아 주의 백성과 함께 즐거워하라 하였으며 (롬 15:10)

예루살렘을 바라보고 마지막 때를 분별하여 주의 백성과 함께 기뻐하며 깨어 기도해야 한다.

예루살렘 성벽의 파수꾼들이 되어야 하며 예루살렘의 평안을 위해 기도해야 한다. 예루살렘의 주민들 위에 성령님의 기름 부으심이 있도록 기도하며 평강의 왕이 오심으로 진정한 평화가 이루어지도록 기도해야 한다.

지도자들이 하나님을 경외하며 온전히 의지하여 마음이 강하고 담대하도록 기도해야 한다. 이스라엘이 민주국가로 자유롭게 복음을 전할 수 있는 나라가 되도록 기도하며 국방이 더욱 든든해지도록 기도해야 한다. 주변 아랍국들의 전쟁 위협과 테러로부터 보호해 주시기를 기도해야 한다.

여호와여 주의 백성 이스라엘의 남은 자를 구원하소서 하라 (렘 31:7)

흩어져 있는 유대인들의 귀환과 복음의 문이 열리기를 위해 기도해야 한다.

한걸음 더 나아가 KIA(KOREA+ISRAEL+AMERICA)를 위해 기도해야 한다.

하나님은 유대인들을 사용하여 성경을 기록하게 하셨고 보존하게 하셨으며, 유대인 예수를 통해 인류 구원의 길을 여셨다.

유대인 사도들과 유대인 디아스포라들을 통해 이방인들에게 복음이 전해졌다. 청교도들이 신대륙으로 건너와 말씀을 붙들고 성경적 믿음과 가치관을 가지고 나라를 세웠다. 유대인들이 미국에 들어와 많은 부문에서 미국의 발전을 위해 혁혁한 공헌을 한다.

미국은 유대인들이 전 세계적으로 반유대주의로 핍박받고 추방을 당할 때 유일한 피난처였다. 이스라엘 건국에 가장 큰 역할을 하였고 지금까지 그들을 도와주고 보호자 역할을 감당하고 있다.

미국은 한국에 복음을 전했을 뿐만 아니라, 사랑을 실천하여 학교와 병원을 세우고 많은 물자로 도와주었다. 해방과 건국을 도운 주역이었으며 6.25를 통해 많은 전사자들을 내며 공산화를 막고 자유국가를 이루는 발판을 마련해 주었다. 또한 산업화와 민주화를 이루도록 크게 도왔다.

한국은 이제 미국의 동맹국으로 함께 공산주의자와 싸우며 제1선교국인 미국과 함께 제2선교국으로 세계복음화에 동참하고 있다. 한인들은 미국에 와서 4천 개 이상의 교회를 세우고 새벽마다 이 나라를 위해 기도하고 있다.

이스라엘은 성경과 복음과 예수를 인류에게 전했다. 한국에 온 최초의 개신교 선교사는 1832년 충청남도 고대도에 도착한 귀츨라프(Gützlaff)였는데, 그는 유대인이었다. 한글로 최초의 구약성경을 번역할 때 탁월한 히브리어 실력으로 가장 히브리어에 가깝게 번역하도록 도왔던 알렉산더 피터스(Alexander A. Pieters)도 유대인이었다. 이스라엘도 1948년 한국과 같은 해에 건국되었고, 건국되자마자 전쟁을 치렀다. 자국 방어도 힘들 때였지만 한국에 6.25전쟁이 터졌을 당시 의료진을 파견하였다.

한국은 이스라엘에 여러 선교사를 파송하고 유대인 구원을 위해 가장 열심히 기도하고 유대인 귀환을 위해 물질로도 열심히 돕고 있다. 한국 그리스도인들은 '샬롬 예루살렘' 문화행사를 통해 유대인들에게 용서를 구하고 소망을 나눔으로 많은 유대인들이 위로를 받고 감동의 눈물을 흘렸다.

한국과 이스라엘과 미국은 하나님의 말씀을 나누고 사랑을 주고받는 아름다운 상호관계를 형성하고 있다. '사랑'의 넓은 정의를 '살림'이라고 볼 때 서로 보호해 주고 도와주고 살려 주는 사랑의 실천 관계 속에 있다고 볼 수 있다.

KIA(KOREA+ISRAEL+AMERICA)는 서로 도우며 성경적 믿음과 기독교 가치관이 주도하는 나라로 각각 세워져 가야 한다. 이스라엘은 때가 되면 '온 이스라엘이 구원을 받게 되는'(롬 11:26) 잠정적 기독교 국가이다. 하나님 주권 통치 역사관으로 볼 때 이스라엘이 주님이 오실 땅(슥 12:4)을 확보하고 힘겨운 싸움을 하며 버티는 것은 하나님이 하시는 일이다. 사탄은 주님이 오실 그 발판을 없애기 위해 여러 모습으로 이스라엘을 공격하고 있다. 주님의 재림을 사모하는 자라면 당연히 이스라엘에 감사하며 적극 도와야 한다.

이 세계는 빛과 어둠의 전쟁이다. 성경적 믿음과 가치관이 주도하는 빛의 나라들을 세워 나가야 한다. 그리고 빛의 나라들은 하나님을 거부하는 어둠의 나라에 속해 고통 받고 있는 빛의 자녀들을 보호하고 도와야 한다. 그리고 어둠에 갇혀 있는 수많은 인생들을 빛의 나라로 이끌어 내어야 한다. 빛의 나라들을 흔드는 어둠의 영, 미혹의 영, 음란의 영, 폭력의 영, 배교의 영들의 공격을 막고 빛의 자녀들의 수를 채워 주님 오실 길을 준비하도록 간절히 열정적으로 지속하여 기도해야 한다.

이스라엘

하나님
말씀과 사랑

한국 ← → 미국

한국, 이스라엘, 미국의 상호관계

회복을 도우라!

이방들이여 너희는 여호와의 말씀을 듣고 먼 섬에 전파하여 이르기를 이스라엘
을 흩으신 자가 그를 모으시고 목자가 그 양 떼에게 행함 같이 그를 지키시리로
다 (렘 31:10)

내 성소가 영원토록 그들 가운데에 있으리니 내가 이스라엘을 거룩하게 하는
여호와인 줄을 열국이 알리라 하셨다 하라 (겔 37:28)

이스라엘에게 행하신 일을 전파하여 열국이 여호와를 알게 하라는 것
이다.

주 여호와가 이같이 이르노라 내가 뭇 나라를 향하여 나의 손을 들고 민족들을
향하여 나의 기치를 세울 것이라 그들이 네 아들들을 품에 안고 네 딸들을 어깨
에 메고 올 것이며 (사 49:22)

하나님의 깃발은 이스라엘 국가이다. 하나님께서 1900년 동안 사라진
나라를 세우시고 보호하심으로 뭇 나라를 향하여 흔드시는 이 깃발은 유
대인들에게는 고토로 돌아오라는 신호요, 믿는 이방인들에게는 유대인들
이 고토로 돌아가는 것을 도우라는 신호이다. 민족적 회복을 도우라는 것
이다.

전 세계에 유대인 귀환과 예루살렘 회복이 하나님 때의 징조인 것을 전파하여 알려야 한다. 그리하여 전 세계적으로 귀환을 통한 유대 민족 회복을 도와야 한다.

우리들은 천국 본향을 떠나 이 세상에서 하나님의 뜻을 이루며 잠시 살아가고 있는 나그네들이다. 역사상 가장 대표적인 디아스포라는 유대인들이다. 세계에 뿔뿔이 흩어졌던 민족적 비극도 이제는 전화위복의 기회가 되어 이스라엘을 지키는 힘이 되고 있다. 사도 바울은 디아스포라 후손으로 세계선교의 시작이 바로 흩어진 유대인을 통한 것이었다. 5000년의 역사를 가진 단일 민족 한민족은 전 세계 175개국에 750만 명이 흩어져 살고 있다. 5천 디아스포라 교회를 세운 것도 하나님이 하신 일이다. 온 세계에 한인들을 흩으시고 자리 잡도록 축복하신 하나님은 생명을 전하는 복음전파의 사명을 우리 한민족에게 맡기셨다. 1990년대 구소련이 해체되고 소련 선교를 서구 선교사들과 한국 선교사들이 동시에 시작했지만 한국 선교사들은 교회 개척 중심의 선교 전략으로 가장 많은 교회를 개척했다. 이 일에 한인 디아스포라 50만 고려인들의 역할이 지대했던 것을 기억해야 한다. 이민 1세들의 희생과 신앙의 열정 속에 자란 1.5세, 2세 3세들은 무한한 잠재력을 가지고 있다. 그들에게 한국인의 기독교 영성을 심고 현지 민족에 대한 선교의 비전을 주고 헌신자로 세우면 소중한 선교 자원들로 쓰임 받아, 세상을 뒤엎은 초대교회 같은 영적 폭발이 일어날 것이다.

하나님께서는 지구상에 흩어져 살고 있는 한민족이 성령님 안에서 하나 되어 온 세상에 진리와 생명의 복음으로 하나님의 나라를 이루어 가기를 원하신다. 또한 한민족이 전 세계에 흩어져 있는 170개국의 디아스포라 유대인들을 약속의 땅으로 돌아가도록 깨우치고 도와주는 사명을 감당해야 한다.

위로하라!

> 너희의 하나님이 이르시되 너희는 위로하라 내 백성을 위로하라 너희는 예루살렘의 마음에 닿도록 말하며 그것에게 외치라 그 노역의 때가 끝났고 그 죄악이 사함을 받았느니라 그의 모든 죄로 말미암아 여호와의 손에서 벌을 배나 받았느니라 할지니라 하시니라 (사 40:1-2)

2013년 뉴욕에서 유대인 위로 사역인 '샬롬 예루살렘'을 처음 시작할 때 이 행사가 어떻게 진행될 것이며 어떤 반응이 올지 아무도 몰랐다. 그러나 신실한 주의 종들이 성령의 인도하심에 순종하여 끈질긴 기도와 직접 발로 뛰는 헌신으로 그리스도인에 대해 닫힌 유대인들의 마음 문이 열리기 시작했다.

'샬롬 예루살렘'의 하이라이트인 회개와 소망의 선언문을 들으며 많은 유대인들의 눈이 젖어 오기 시작했고 봉사자들의 눈시울도 뜨거워졌다.

존경받는 랍비 알버트 탈러(Albert Thaler)의 답사를 들으며 하나님의 마음을 알게 되었다.

"이 축제에 대해 감사의 인사를 전합니다. 전 정말이지 오늘 밤 같은 날이 올지 상상도 하지 못했습니다. 우리 유대인들은 이스라엘 땅과 유대 민족에 대해 감정적, 역사적으로 연결되어 있습니다. 우리의 피와 심장 안에 있는 것입니다. 저는 개인적인 연결도 있습니다. 제 딸과 사위, 그리고 4명의 손자 손녀가 이스라엘에 살고 있습니다. 제 손자 중에 한 명은 지금 이스라엘 군대에서 복무하고 있습니다. 더욱 놀라운 것은 미국에서 태어나 미국의 노스웨스턴대학교를 졸업하는 제 손녀가 지난 월요일 이스라엘로 귀환하는 '알리야'를 한 것입니다. 저와 제 아내는 감동의 눈물을 흘렸습니다. 우리의 조부모님은 꿈도 꾸지 못한 장면이었지요. 여러분이 우리를 사랑한 것처럼 우리도 한국 기독교인들을 사랑합니다. 우리는 여러분들이 내민 우정의 손을 잡습니다."

참석한 유대인들이 모두 감격 속에 박수를 치며 일어섰다. 함께 이스라엘 국가와 이스라엘 민요 '하바나길라'를 부르며 노래하고 춤추면서 봉사자들과 참가자들이 하나가 되는 것을 확인할 수 있었다. 역사적으로 많은 상처를 갖고 있는 한인들을 통해 하나님께서 눈과 귀를 여시려고 유대인들의 상처 난 마음의 무거운 장벽들을 허물기 시작하신 것이었다.

첫해인 2013년에 뉴욕에서 가진 '샬롬 예루살렘' 행사에 약 1천 명의 유대인들이 참가하였다. 2014년에는 뉴욕과 워싱턴에서 약 2천 명이, 2015년 2016년은 뉴욕과 뉴저지에서 해마다 약 2천명의 유대인들이 참가하고 위로와 소망을 나누었다.

'2016 샬롬 예루살렘' 마지막 날은 뉴욕 브루클린에 있는 유대인들의 극장인 'Master Theater'에서 가졌다. 당시 장로회신학대학교 소기천 교수는 목회학 박사 과정 목회 유형 연구 클래스 20여 명과 함께 참석하였다. 약 1500명가량의 유대인들이 한국 성도들이 준비한 행사에 참여해 은혜 받는 모습을 보고 큰 도전을 받았다고 한다. 예루살렘 회복 50주년을 맞이하는 2017년에는 예루살렘과 애쉬켈론과 하이파에서 가진 '샬롬 예루살렘' 축제에 약 6천 명의 유대인들이 참석하였다. 하나님께서는 순종과 헌신의 무리들을 통해 상상을 초월하는 놀라운 일들을 이루신다.

반유대주의와 반기독교 테러가 증가하고 인본주의가 유대교와 기독교의 가치관을 공격하는 이때에 이스라엘과 교회는 함께 폭력의 영, 음란의 영과 싸워 성경적 가치를 유지해야 한다. 유대인들이 하나님이 약속한 땅으로 돌아와 국가를 건설하자는 운동이 시온주의라면 우리는 기독교 시온주의자들이라고 할 수 있다. 크리스천으로서 하나님의 말씀대로 유대인들이 약속의 땅으로 돌아가 메시아를 맞이할 것을 위해 기도하고 돕기 때문이다.

성경 속에 담긴 이스라엘을 향한 하나님의 뜻을 교회와 열방에 알리고 이스라엘 국가와 백성을 축복하고 위로해야 한다. 기독교 국가들이라고 자부하는 유럽 나라들이 십자군 종교재판 등으로 유대인들을 핍박한 반유대주의를 회개해야 한다. 홀로코스트와 같이 그저 유대인이라는 이유 하나만으로 6백만이나 되는 무고한 생명을 죽인 잔인한 학살로 인한 깊은 상처를 어루만져 주어야 한다. 이스라엘을 축복하고 그들 편에 서는 것은 성경의 중요한 가르침이다. 하나님께서 지금도 이스라엘 민족을 사랑하시며 선하신 길로 인도하고 계시기 때문에 축복하고 또 위로하는 것이다. 역사의 주관자이신 우리들의 전능하신 하나님을 향하여 함께 믿음과 겸비의 옷을 입고 순종하며 나아가야 한다.

복음을 전하라!

아름다운 소식을 시온에 전하는 자여 너는 높은 산에 오르라 아름다운 소식을

예루살렘에 전하는 자여 너는 힘써 소리를 높이라 두려워하지 말고 소리를 높

여 유다의 성읍들에게 이르기를 너희의 하나님을 보라 하라 보라 주 여호와께

서 장차 강한 자로 임하실 것이요 친히 그의 팔로 다스리실 것이라 보라 상급이

그에게 있고 보응이 그의 앞에 있으며 (사 40:9-10)

내가 너희에게 이르노니 이제부터 너희는 찬송하리로다 주의 이름으로 오시는

이여 할 때까지 나를 보지 못하리라 하시니라 (마 23:39)

유대인과 이방인이 화해할 수 있는 유일한 방법은 예수 메시아에 대한
공통된 구원의 믿음을 갖는 것이다. 그리스도가 없다면 평화도 없다. 두려
워하지 말고 담대하게 유대인들에게 예수님이 메시아이심을 알리고 가르
치고 선포해야 한다.

또 보매 다른 천사가 살아 계신 하나님의 인을 가지고 해 돋는 데로부터 올라와

서 땅과 바다를 해롭게 할 권세를 받은 네 천사를 향하여 큰 소리로 외쳐 이르

되 우리가 우리 하나님의 종들의 이마에 인치기까지 땅이나 바다나 나무들을

해하지 말라 하더라 내가 인침을 받은 자의 수를 들으니 이스라엘 자손의 각 지

파 중에서 인침을 받은 자들이 십사만 사천이니 (계 7:2-4)

복음을 듣는 자가 믿고 성령님의 인치심을 받아 주님의 소유가 된다. 온
이스라엘이 대규모 구원을 받기 전에 먼저 이스라엘 자손 십사만 사천 명

이 구원을 받고 쓰임 받는 날이 올 것이다.

내가 한 사람을 일으켜 북방에서 오게 하며 내 이름을 부르는 자를 해 돋는 곳
에서 오게 하였나니 그가 이르러 고관들을 석회 같이, 토기장이가 진흙을 밟음
같이 하리니 (사 41:25)

내가 비로소 시온에게 너희는 이제 그들을 보라 하였노라 내가 기쁜 소식을 전
할 자를 예루살렘에 주리라 (사 41:27)

북방 해 돋는 곳에 있는 한민족의 사명은 이스라엘과 세계에 복음을 전
하는 하나님 나라 확장의 기수가 되는 것이다. 예수님의 재림은 성도의 최
대 소망이며 가장 큰 우주적 축복이다.

이 천국 복음이 모든 민족에게 증언되기 위하여 온 세상에 전파되리니 그제야
끝이 오리라 (마 24:14)

내가 너희에게 이르노니 이제부터 너희는 찬송하리로다 주의 이름으로 오시는
이여 할 때까지 나를 보지 못하리라 하시니라 (마 23:39)

주님 오시려면 먼저 세계 복음화와 이스라엘 회복과 구원이 필요하다.
한민족의 사명은 세계 복음화의 기수가 되는 것에 있다. YWAM 로렌 커

닝햄(Loren Cunningham) 목사는 "20세기의 대부흥 대부분이 미국인들에 의해 주도되었다면, 21세기에는 한국인들, 한국 교회가 그 역할을 맡게 될 것"이라고 선언했다.

1880년대에 미국 선교사들이 복음의 씨를 뿌리고 학교와 병원을 세우며 한민족을 도왔다. 뿐만 아니라 미국은 1945년 한국을 해방시킨 주역이었다. 대한민국 건국을 도와주었고, 6.25전쟁에서는 5만 명 이상의 미군들이 전사하면서까지 자유를 지켰다. 온 나라가 파괴되었을 때, 미국 정부와 많은 성도들의 기도와 사랑으로 일어날 수 있었다.

이제 한인들이 해외 5천 한인교회들을 세웠다. 기독교 지도자들은 이구동성으로 <u>기독교 성장의 중심이요</u>, 세계 선교의 중심축으로 세계 기독교계와 미래의 지구촌에 그리스도의 복음을 전할 가장 훌륭한 인적 자원이 한국 선교사들이라고 말하고 있다.

미국은 최대의 선교국이고, 미국으로부터 복음을 받았던 한국은 제2의 선교국이 되었다. 한국과 미국은 함께 자유를 위해 공산주의자들과 싸우며 피를 흘린 혈맹이다. 미국과 한국은 함께 세계복음화를 위해 전 세계 그리스도인들과 더불어 달려가야 한다.

현재 2만 7천여 명의 선교사들이 전 세계 187개국에서 세계 어느 나라보다도 가장 많은 나라에 널리 퍼져서 선교 사역을 감당하고 있다.

한국 선교사들은 험악한 오지임에도 마다하지 않는 헌신, 그리고 어떤 환경에서도 살아남을 수 있는 적응력과 돌발 사태에 대한 순발력, 목표는 목숨 걸고라도 이루어 내고야 마는 추진력으로 어느 민족도 따라올 수 없는 선교에 대한 큰 장점을 가지고 있다. 한민족의 사명은 이스라엘 회복과 구원의 기수가 되는 것이다.

1900년 동안 죽어 있던 이스라엘은 기적같이 대한민국이 건국된 해인 1948년, 같은 해에 건국되었다.

> 저희가 칼날에 죽임을 당하며 모든 이방에 사로잡혀 가겠고 예루살렘은 이방인
>
> 의 때가 차기까지 이방인들에게 밟히리라 (눅 21:24)

이스라엘은 1967년 6일 전쟁의 승리로 예루살렘을 회복하였다. 이방인의 때가 찬 것이다. 이제 이스라엘은 돌아오고 있다. 유대인 인구가 1881년 약 5만 명 정도였던 것에 비해, 1948년 독립 시 약 65만 명, 지금은 약 650만 명으로 늘었다.

이스라엘에 영적 부흥이 일어나고 있다. 믿는 유대인들의 수가 찰 때 주님이 재림하신다. 현재 약 3만 명이 믿고 있고 약 350교회가 세워졌다. 많은 믿음의 사람들이 한국인들에게 유대민족을 구원할 사명이 있다고 말했다. 서울의 명동 같은 예루살렘의 벤예후다 거리에 가면 한국인들의 찬양을 들을 수 있고 많은 사람들의 발걸음을 멈추게 하고 있다.

한민족이 말세에 땅끝 예루살렘까지 가서 복음을 전하여 이스라엘의 남은 자를 구원하는 마지막 대추수의 도구로 쓰임 받는 '복음의 마지막 주자'이다.

세계복음화를 위해서 아랍 민족도 사랑해야 한다. 하나님께서 아랍 민

족을 사랑하신다. 예수님은 모든 아랍인들의 죄를 위해서도 죽으셨다. 사
탄은 하나님의 구원의 선물을 훔쳐 가짜 강제 개종의 종교로 대체했다. 그
러나 오늘날 예수님이 꿈과 환상을 통해 무슬림들에게 나타나고 그래서
그들이 돌아오고 있다. 무슬림들을 진정으로 사랑하고 그들을 위해서 기
도하고 진리를 알려 주기 위해 최선을 다해야 한다. 진리만이 진정한 갈등
의 해결책이기 때문이다.

신변상 이름을 밝힐 수 없는 예루살렘의 한 아랍 목사가 말했다.

"저는 성경이 이스라엘에 대한 하나님의 계획을 분명히 나타내고 있음을 알고
있습니다. 유대인과 팔레스타인이 싸우고 있는 이 땅은 하나님께서 이스마엘
의 후손이 아닌 유대인들에게 약속하신 곳입니다. 하나님 말씀에서 동떨어진
정치적 차원에서 이스라엘과 팔레스타인 문제를 해결하는 것은 불가능합니다.
성경은 하나님의 살아 있는 말씀이며, 상속권에 대해서는 아주 분명히 하고 있
습니다. 이 땅은 그 누구도 아닌 유대인에게 약속된 땅입니다."

팔레스타인의 문제는 정치적, 경제적, 군사적 해법으로는 해결이 불가
능하다. 오직 역사를 주관하고 통치하며 다스리시는 하나님의 진리의 말
씀 속에 길이 있다.

자유 민주 선진 통일 기독교 한국

그러므로 내가 말하노니 그들이 넘어지기까지 실족하였느냐 그럴 수 없느니라
그들이 넘어짐으로 구원이 이방인에게 이르러 이스라엘로 시기나게 함이니라
(롬 11:11)

1880년대 시오니즘이 일어날 때 조선 땅에 복음이 뿌려지기 시작했다.
2차 세계대전이 끝나고 120여 개 독립한 나라 중 1948년에 건국한 이스라
엘과 한국만이 민주화, 산업화, 아이티화를 이루었다. 20세기에 유대인들
은 홀로코스트를 겪으며 600만이 희생되었는데 한민족도 6.25전쟁과 북
한의 악한 체제 아래 죽은 자와 먹을 것이 없어 영양실조로 죽은 자가 수
백만이 되고 유일하게 분단된 민족이기도 하다.

북한은 세계에서 최악의 인권침해국이요 최대 기독교 박해국이며 핵보
유국이다. 반세기가 넘도록 지속되어 온 악정 속에서 수백만 명이 죽었다.
북녘 동포들의 해방과 구원을 위해 전 교회가 회개하며 합심으로 기도해
야 한다.

북한에서 기독교 박해가 가장 심한 것은 단순히 우연한 사건이 아니다.
한국이 통일이 되면 세계복음화의 주역이 될 것이기 때문에 원수는 온 힘
을 다해서 영적으로나 육적으로나 북한을 포로로 잡고 있는 것이다. 북한
이 사탄의 권세에서 해방되면 하나님의 나라가 북한의 지하 성도들과 중
국 성도들과 함께 동남아시아, 중국, 중동 지역을 강타하면서 빠르고 강력

하게 전진할 것이다. 북한 해방이 주님의 재림을 앞당기는 위대한 세계적 부흥의 시작이 될 것이다.

하나님께서 축복하실 때 자유통일한국은 세계 초강국이 될 것이다. 한국은 세계에서 제일 좋은 두뇌를 가진, 평균 IQ 105를 넘는 유일한 나라이다. 또한 우리나라는 문맹률이 1% 미만인 유일한 나라이기도 하며, 세계에서 가장 많은 발음을 표기할 수 있는 문자를 가진 나라이다. 세계 각국 유수 대학의 우등생 자리를 휩쓸고 있는 나라이기도 하다. 국민 8천만 (해외동포 7백만)이 세계 최고의 교육열과 신바람의 열정으로 지식강국이 되고, 산업대국으로 한국이 북한이라는 분쟁의 진원지가 사라지면 놀라운 성장과 발전을 가져올 것이다. 고난의 연단을 통한 인내와 겸손으로 세계에 낙후된 나라들을 도와 세워 주는 진정 세계의 사랑받는 나라가 되어야 하며, 세계의 희망이 되어야 한다.

기독교 신앙을 바탕으로 밝고 적극적인 마음과 존귀한 인격을 가진 의로운 나라, 시기와 증오 대신 사랑과 봉사가 넘치는 나라가 되어야 한다. 미신과 우상숭배는 사라지고 신앙과 양심에 기초한 열정과 용기가 가득한 부강한 나라로, 중국 일본 러시아 최강대국 사이에 있는 군사강국으로 자기의 안전을 지킬 수 있는 교육, 과학, 문화적인 대국이 되어야 한다. 자유민주 선진 통일 기독교한국으로 세계 복음화와 이스라엘을 시기 나게 하는 나라로 구원의 기수로 쓰임 받아야 한다. 다시 한 번 민족의 역량을 모아 하나님의 도우심 속에 역사의 추월선을 달리자.

“일어나라! 한민족이여!
보고 들으라!
나의 의지를 심고,
대양과 대륙을 돌아
인류의 가슴을 불태우게 하라!”

참고문헌

● Johnson, Gaines R. The Bible, Genesis & Geology: King James Version Bible Org. 2013 (참조: http://www.kjvbible.org/rivers_of_the_garden_of_eden.html)
● Kalisher, Meno. Jesus in the Hebrew Scriptures. Jerusalem: Jerusalem Assembly, 2010.
● Prince, Derek. Prophetic Guide to the End Times. Michigan: Chosen, 2008.
● Prince, Derek. The Destiny of Israel and the Church. North Carolina: Derek Prince Ministries, 1992.
● Simons, Jan Jozef. The Geographical and Topographical Texts of the Old Testament: A Concise Commentary in Xxxii Chapters. Front Cover. Brill, 1959
● Stager, Lawrence. Jerusalem as Eden," Biblical Archaeology Review 26, no.3(May/June 2000) :36-47, 66
● Washbourn, R. F. Jones. Percy Sladen Lake Huleh 탐험, 1935, Palestine Exploration Fund Quarterly Statements, (1936), p. 209. (근원 웹 사이트 : The Great Rift and The Jordan)
● 구스타프 쉘러, 『하나님의 특급작전』 김요한·석은주(역), 서울: 두란노서원, 2005.
● 그레고리 빌·미첼 킴, 『성전으로 읽는 성경 이야기』 채정태(역), 서울: 부흥과 개혁사, 2016.
● 김목훈, 『이스라엘과 하나님 나라』 서울: 기독서원 하늘양식, 2016.
● 김준식, 『요한계시록의 증언』 서울: 아침향기, 2012.
● 노마 아취볼드, 『이스라엘의 산들(누구의 땅인가)』 오숙희(역), 경기도: 사랑의 메시지출판사, 2006.
● 대니얼 저스터·키이스 인트레이터, 『마지막 때의 교회와 이스라엘』 김주성(역), 서울: 이스라엘사 역출판, 2010.
● 댄 저스터, 『유월절, 계시록을 여는 열쇠』 고병현(역), 경기도: 와이크라출판, 2016.
● 데릭 프린스, 『이스라엘과 교회의 운명』 전은영(역), 서울: 엘리야, 2016.
● 데릭 프린스, 『하나님께서 이스라엘에게 약속하신 땅』 조철환(역), 서울: 엘리야, 2017.
● 데스몬드 알렉산더, 『에덴에서 새 예루살렘까지』 배용덕(역), 서울: 부흥과 개혁사, 2014.
● 랜달 프라이스, 『중동문제 진실은 무엇인가』 오소희(역), 경기도: 사랑의 메시지 출판사, 2010.
● 랜스 램버트, 『이스라엘의 본질』 유평애(역), 서울: 램프레스, 2010.
● 로버트 D. 하이들러, 『메시아닉 교회』 진현우(역), 경기도: WLI Korea, 2008.
● 루벤 도런, 『한 새사람』 김영우(역), 서울: ㈜이스트윈드코리아, 2012.
● 르네 빠슈, 『그리스도의 재림』 전준식(역), 서울: 도서출판마라나타, 1988.

● 리차드 부커, 『어찌하여 십자가가 칼이 되었는가』 살렘출판부(역), 서울: 도서출판 살렘, 2001.

● 마이클 L. 브라운, 『유대민족의 비극적 역사와 교회』 김영우(역), 서울: 종합선교 한사랑, 2010.

● 마이클 W. 스미스, 『당신의 백성이 나의 백성이 되고』 유지연(역), 서울: 횃셔북스, 2007.

● 마이클 윌리엄스, 『성경 이야기와 구원 드라마』 윤석인(역), 서울: 부흥과 개혁사, 2013.

● 명성훈, 『성령과 함께』 서울: 크레도, 1993.

● 샌드라 리히터, 『에덴에서 새 에덴까지』 윤석인(역), 서울: 부흥과 개혁사, 2014.

● 송만석, 『지금은 예루살렘 시대』 서울: 사단법인두란노서원, 2005.

● 스티브 라이틀, 『작전! 출애굽II』 에스더 김(역), Washington: 싸이러스 출판, 2008.

● 아세르 인트레이터, 『아브라함의 점심 데이트』 고병현(역), 서울: 다윗의 장막, 2014.

● 오화평, 『로마서 9장-11장과 이스라엘』 경기도: 한새사람, 2017.

● 오화평, 『이스라엘 고난과 회복』 서울: 베드로서원, 2011.

● 요셉 슐람, 『여호와의 집에 심겼음이여』 로이미션(역). 경기도: 로이미션, 2013.

● 윌럼 J. J. 글라스하우어, 『Why 이스라엘?』 베다니사역본부(역). 서울: 도서출판하늘양식, 2014.

● 윌리엄 J. 덤브렐, 『언약신학과 종말론』 장세훈(역). 서울: 사)기독교문서선교회, 2011.

● 월터 C. 카이저, 『마지막 때에 관한 설교』 김혜경(역). 서울: 사)기독교문서선교회, 2014.

● 이재범, 『성령과 선교』 서울: 보이스사 1985

● 정태권, 시공간 속의 예수아, 서울: BradTV 2016

● 조지 앨든 래드, 『하나님 나라의 복음』 박미가(역). 서울: 서로사랑, 2010.

● 조철환, 『하나님은 이스라엘을 버리셨는가?』 서울: 엘리야, 2016.

● 존 김, 『이스라엘과 대체신학』 서울: 예영커뮤니케이션, 2014.

● 존 페스코, 『태초의 첫째 아담에서 종말의 둘째 아담 그리스도까지』 김희정(역). 서울: 부흥과 개혁사, 2013.

● 죠오지 래드, 『마지막에 될 일들』 이승구(역). 서울: 도서출판엠마오, 1988.

● 죠오지 래드, 『예수와 하나님의 나라』 이태훈(역). 서울: 도서출판엠마오, 1985.

● 짐 골, 『이스라엘의 소명을 위해 기도하라』 권지영(역). 서울: 쉐키나출판사, 2009.

● 크레이그 블롬버그·정성욱(편), 『역사적 전천년설』 서울: 사)기독교문서선교회, 2014.

● 키이스 인트레이터, 『그 땅에 대해서 하나님은 진정 무엇이라고 하는가?』 고병현(역). 서울: KIBI, 2007.

● 키이스 인트레이터, 『그날이 속히 오리라』 KIBI(역), 서울: 사단법인두란노서원, 2004.

● 피기영, 『왜곡』 서울: 선두주자커뮤니케이션, 2012.

● 피터 추카히라, 『하나님의 쓰나미』 진희경(역). 서울: 램프레스, 2010.

하나님의 마스터플랜

초판 1쇄 발행   2017년 08월 21일

지은이   김인식
발행인   이영훈
주 간   김호성
편집인   김형근
편집장   박인순
기획·편집   강지은
영업·마케팅   김미현 이기쁨
디자인   김한희

펴낸곳   교회성장연구소
등 록   제 12-177호
주 소   서울특별시 영등포구 여의공원로 101 CCMM빌딩 7층 703B호
전 화   02-2036-7928(편집팀) 02-2036-7935(마케팅팀)
팩 스   02-2036-7910
쇼핑몰   www.pastormall.net
홈페이지   www.pastor21.net
페이스북   www.facebook.com/pastor21

ISBN | 978-89-8304-270-5 03230
*값은 뒤표지에 있습니다.
*잘못된 책은 구입하신 서점에서 교환해드립니다.
*이 책 내용의 일부를 사용하려면 반드시 저작권자와 교회성장연구소 양측의 서면동의를 받아야 합니다.

"무슨 일을 하든지 마음을 다하여 주께 하듯 하라." (골 3:23)

교회성장연구소는 한국의 모든 교회가 건강한 교회성장을 이루어 하나님 나라에 영광을 돌리는 일꾼으로 성장하는 것을 목표로, 목회자의 사역과 성도들의 영적 성장을 도울 수 있는 필독서들을 출간하고 있다. 주를 섬기는 사명감을 바탕으로 모든 사역의 시작과 끝을 기도로 임하며 사람 중심이 아닌 하나님 중심으로 경영한다. "무슨 일을 하든지 마음을 다하여 주께 하듯 하라."는 말씀을 늘 마음에 새겨 하나님께서 주신 사명을 기쁨으로 감당하고 있다.